作文・感想文・小論文・記述式問題 etc.

“ふくしま式200字メソッド”で「書く力」は驚くほど伸びる!

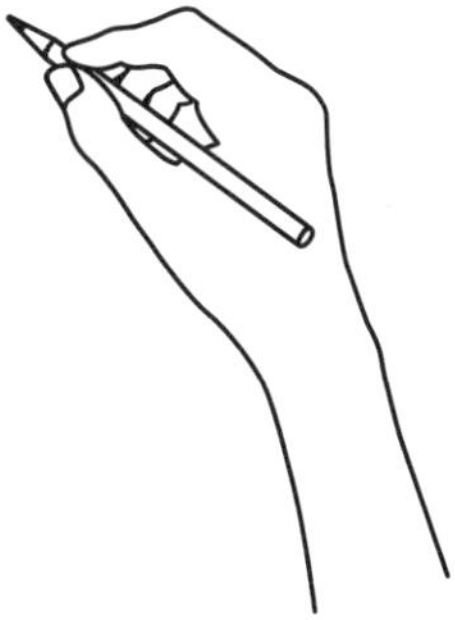

ふくしま国語塾 主宰 福嶋隆史

大和出版

はじめに

「書く力」が自動的に身につく〝たった1つの方法〟

この本を手にしたあなたは、きっと次のような悩みをお持ちのことでしょう。

「うちの子はとにかく文章が書けません。わが子ながら、ため息が出ます」

「小学校の授業参観の日は、たいてい恥ずかしい思いをします。廊下に貼り出されたわが子の文章が、ほかの子とくらべてあまりに見劣りするんです」

「そもそも、量が書けません。10分かけてやっと2〜3行、といった感じの子です」

「私も作文は苦手だったけど、それに輪をかけたように苦手なのが、うちの子なんです」

「書くのは好きらしいんです。でも、読んでみると、改行もせずダラダラと書きなぐっているだけだったり……。およそ、読める文章じゃありません」

「国語のテストで記述式の問題が出ると、うちの子はもうお手上げです。答案用紙は、たいていの場合、白紙です。ときには何か書いた跡があるんですが、結局は全部消しゴムで消してあったりして……。本人も、自分の文に自信が持てないんでしょうね」

「新聞のコラムの書き写しとか、いろいろと話題の方法は試してみるんですけど、書けるようになったという実感は、子どもにも私にも、まったくありませんね」

「書く力が伸びることをうたった本を数冊読んだのですが、なかなかうまくいかず、もう半ばあきらめています」


――無理もありません。

すべてが、間違っているのです。

家庭学習も、学校の授業も、塾の授業も。

今のやり方のままでどんなに文章を書き続けても、効果はありません。

親は叱咤激励するだけ。

教師は赤ペンであいまいなコメントを、あるいはお世辞を書くだけ。

そこには、「書き方」というものへの意識がありません。

それればかりか、「書き方なんていらない、とにかく自由に書かせることが大事なんだ」などと考えるふしもあります。

最近では、某大手進学塾でさえ、「あなたなりの考えを自由に書きましょう」などという設問を前面に押し出した公開テストを宣伝しています。

――今、こう思った方もいらっしゃるかもしれません。

「そんなことはない。私は書き方を意識して教えているぞ」

たしかに、心ある一部の親・教師は、それなりの方法論を学び、生かそうと努力してはいます。〝書き方〟をまとめた本を積極的に読むなどして、頑張っています。

しかし、その方法論、本当に役立っていますか？

着実な成果が上がっていますか？

お子さんは、目を見張るような文章を次々と書きましたか？

そう問われれば、口ごもってしまうでしょう。


でも、大丈夫。

今あなたが手にしているこの本に書かれた方法を用いれば、それを実現できます。

私は、実際に見てきました。

夢中になって鉛筆を動かす、子どもたちの姿を。

そして、そこから次々と生み出される、目を見張るようなレベルの文章を。

なぜ、こんなに書けるのだろう。あれほど、「書くのがいやだ」「作文は苦手」と言っていた子が。

そう思い、感動し、授業中に涙が出そうになったことも多々あります。

文章を書く力がついた彼ら・彼女らは、成績も上がっていきました。国語はもちろんのこと、他教科にも軒並み、好影響が出ました（具体的成果は序章で述べます）。

そういった成果を着実に生み出した「書き方」とは、いったいどのようなものなのでしょうか。


それはズバリ、「ふくしま式200字メソッド」。


では、ちまたにあふれる「書き方」と、「ふくしま式200字メソッド」との決定的な違いは、どこにあるのでしょうか。

それは、端的に言えば、論理的思考の**「型」**をとことん追求しているということです。

「型」という言葉にアレルギーを持っている方、どうぞ安心してください。


自由を与えれば与えるほど、子どもは不自由になります。

自由を限定すればするほど、子どもは自由になります。

型は、個性を奪いません。

型こそが、個性を伸ばします。


この逆説の正しさを、実感を持って理解できたとき、あなたは変わります。

そして、あなたのお子さんが変わります。

もしあなたが学校や塾の先生であるならば、教室の子どもたちが変わります。

「激変する」と言っても、過言ではありません。


もう1つ。

あなたは、こんな疑問をお持ちかもしれません。

「文章、文章と言うけれど、その『型』は、どんな文章にでもあてはまるんですか?」

お答えします。


ほとんどすべての文章に、あてはまります。

感想・意見・主張などを含む文章でさえあれば、この型は万能です。


あてはまらない文章があるとすれば、それは、事実だけを淡々と書きとどめておくような記録文くらいでしょう。

しかし、子どもたちが必要としているのは、そういう類の文章の書き方ではありません。

遠足や運動会の後に書くような作文、先生に提出する日記文、あるいは読書感想文。

読解問題で要求される記述式答案、あるいは要約文。

どれも、何らかの感想・意見・主張をまとめていくものです（読解では書き手の主張）。

要するに、自己か他者の価値観を表すための文章です。

そういった文章であれば、すべて、この型で解決します。


「ふくしま式200字メソッド」の効力は、200字にとどまりません。

少し応用するだけで、400字の文章でも、はたまた800字の小論文でさえも、自信を持って書けるようになるのです。

そんなはずはないと疑っているあなた。まずはページをめくってみてください。

その疑いの雲が急速に晴れていくのを、実感できることでしょう。

ふくしま国語塾　主宰　福嶋隆史

〝ふくしま式200字メソッド〟で
「書く力」は驚くほど伸びる!

目次

第1章 こんなにシンプル！「200字の型」は3つの文でできている

第2章 ズバリ、これが〝ふくしま式200字メソッド〟の基本ステップだ！

第3章

ここがポイント！工夫ひとつで文章の〝質〟はこんなに高まる

第4章
200字が書ければ、400字も800字もラクに書ける！——作文・読書感想文

第5章 200字が書ければ、400字も800字もラクに書ける！――記述式問題・小論文

第6章 ここまで押さえれば、「書く力」は万全なものになる！

本文デザイン／村﨑和寿

序章

〝ふくしま式200字メソッド〟で、どの子にも目覚ましい成果が！

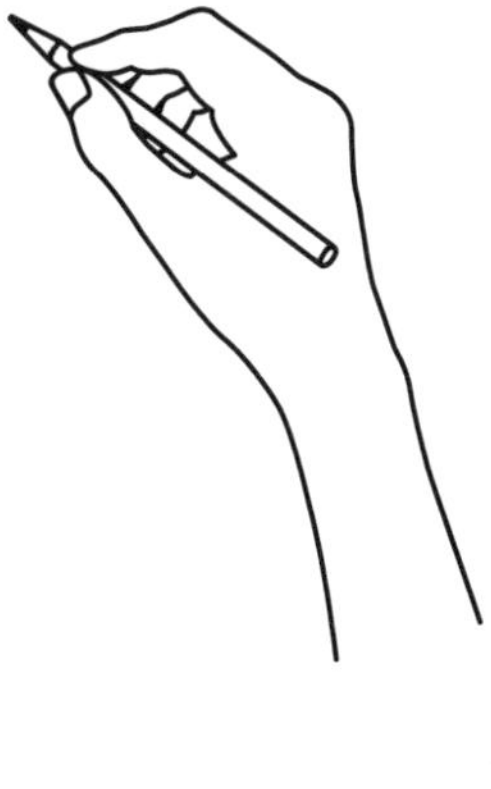

THE Fukushima Method

01 最初は皆、書くのが大の苦手だった！

◆ちょっとした課題にも大苦戦――A君の場合

「ふくしま式200字メソッド」を身につければ、あらゆる感想・意見・主張を、伝わりやすい形で表現できる――。

先ほど、そういったことを述べました。

ここで当然気になるのは、

「その型とはどういったものなのか」

「なぜその1つの型だけでよいと断言できるのか」

ということでしょう。

しかし、それについては次の章以降で丁寧に述べることにします。

この序章ではまず、その型がどれほどの力を発揮しうるものなのかということを、実例とともに紹介します。

ある年の初秋。

私の国語塾に、小学5年生の男子、A君が入塾してきました。

中学受験を目指す5年生にしては珍しく、大手進学塾には通っておらず、自宅学習だけで勉強しているとのことでした。

私の塾に入った当初は、書く文章も決して優れたものであるとは言えず、与えた課題を終えるにも人一倍時間がかかっていました。

こまごまとした知識の面では他の生徒にくらべて若干優れていましたが、それも「知ったかぶり」程度。少し突っ込んでたずねると口ごもってしまう。

そんな感じでした。

入塾当初から、A君の志望校は開成中でした。

他を寄せつけない東大入学者数を誇る、言わずと知れたあのトップ校です。

3か月ほど通塾した段階で、私は、「志望校に無理がある」と思いました。

お母さんに対して、「早めに志望校を変えたほうがいい」とはっきり伝えたほどでした。

そんなA君が伸び始めたのは、6年生の初夏あたりだったでしょうか。

以前は苦戦ばかりだった長文読解の記述式問題で、目を見張るような答案を書いてくることが多くなってきたのです。

満点の解答とは言えない。

しかし、整っている。読み手（採点者）に対してのアピールがある。

これなら、10点中7点ほどは確実に取れるだろう。

そういう文章を書けることが増えてきました。

◆子どもっぽい文章に思わず苦笑――Bさんの場合

さて、ここでもう1人。

その子は、6年生の女子、Bさんです。

おっとりした朗らかな性格で、受験競争向きであるとは思えない子でした。

女の子にしては文字が雑で、いつも「もう少し丁寧に書き直しなさい」と指示せざるを得ない。

そんな感じの子でした。

その子の志望校は、慶應でした。

こちらも、言わずと知れたハイレベル校です。

A君と同じで当初は文章にまとまりがなく、正直なところ読むたびに苦笑してしまうような、子どもらしい文章でした。

ところが、ある日。

ある授業で私は驚きの声を上げました。

「え？ これ、答え見て書いた……わけじゃないよね？」

ある入試読解問題集の設問に対する答えが、あまりにバランスよく整理された書き方になっていたため、ついそんなことを言ってしまったのです。

それは、150字で書かせる、ハードな記述式問題でした。

性格の真面目な子ですから、答えなんて見るはずがありません。

Bさんは、きょとんとして、直後、嬉しそうににっこり。

どうやら先生がほめてくれているらしい。

そんな表情でした。

今でもよく覚えています。

◆小学校低学年のときから通塾してはいたが……──Cさんの場合

ここでさらに、もう1人。

こちらも6年生の女子、Cさんです。

彼女は私の塾でも古株で、小学校低学年のときから通っていました。

とはいえ、5年生になる頃までは本格的に受験するつもりもなかったようで、のんびりした気構えですごしていました。

その後、大手進学塾に通い始めたCさんは、いきなり驚きの結果を持ってきました。模試で、ほぼ全国トップだったのです。

一度の偶然かと思いきや、その後も、毎回の国語テストで全国トップレベルを維持。

その子のお母さんはいつも、

「国語塾に早くから通っていたおかげです」

と言ってくださいましたが、私としては、そこまでの成果が出続けるということを想定していなかったので、返す言葉に困ることのほうが多かったのを覚えています。

THE Fukushima Method

02 驚くべき成果が上がったのには理由がある

◆3人揃って超難関校に合格！

さて、この3人の受験結果は――。

A君は、開成中に見事合格。

Bさんは、慶應義塾中等部に見事合格（フェリス女学院にも合格）。

Cさんは、女子学院中に見事合格（言わずと知れた、関東の女子御三家の1つ）。

いずれも、この上ない結果でした。

私は常々、こう考えています。

教育の効果などというものは、微々たるものだ。

とくに、塾にできることなど、限られている。

家庭、学校、しかるのちに塾である。

だから、「合格実績」というような言葉は、使いたくない。

そもそも私など、国語しか教えていないのだし、傲慢なことは言えない。

しかし、そうは言っても、この結果は驚きでした。

私は冷静に振り返ってみました。

いったい何がよかったのだろう、と。

◆「書く力」が身につけば学力全体が伸びる!

私はもちろん、開塾当初から、分かりやすい指導を続けてきた自負があります。

読解問題を与えるよりもむしろ論理的短作文を書かせることを中心にした授業をしてきたことが、先の3名の実力向上に寄与したであろうことは、疑う余地がありません。

しかし、単に「書く」ことを繰り返すだけでは、ここまでの成果は出ません。

やはり、「型」でしょう。


「型」があればこそ、先の3名は、ぐんぐん力をつけていったのです。

とはいえ、この3名ほどの成果が一挙に上がった年というのは、過去にそうそうはありませんでした。

書き忘れていましたが、この3名は、同じ年に合格しました。

しかも、実は、同じ曜日の同じクラスで、同じ授業を受けていたのです。

ここまで一致点があると、さすがに、何か理由があるはずだと考えるのが自然でしょう。

そう考えていて、ふと思い当たりました。

この授業では、ある型を用いた短作文を、たくさん書かせていたのです。

それが、何を隠そう、この本の主役、「ふくしま式200字メソッド」です。

これによってこそ、3名の「書く力」、さらに言えば「論理的思考力」が磨き上げられ、受験読解にも打ち勝つことができたのではないか――私は、そう考えています（書く力と論理的思考力との関係については、第1章で述べます）。

磨き上げられた思考力は、むろん、国語だけでなく他教科にも役立ったはずです。

合格実績という言葉を使うのは嫌いですが、この3名の成功については、どうやら、胸を張ってもよさそうです。

◆なんと入試本番中に合格を確信！

実は、まだあります。

この3名が見事な成果を上げたこの年、同様に驚くべき成果を上げた生徒がいました。

高校3年生のD君、大学受験生です。

D君は、中学生のときに入塾してきました。

ご多分に漏れず、書くのも読むのも苦手。

学校で受けたという模試では、3割程度しか得点できなかったこともありました。

ところが、高校2年生の秋頃から、彼の文章は急速にレベルアップしてきました。

800字の小論文を書かせても、ハイペースで書き上げ、自信ありげに私の机に持ってくる、といったことが多くなりました。

そして、大学受験の合格発表日。

喜びを隠しきれないといった表情で、彼は報告に来てくれました。

慶應義塾大学環境情報学部に、見事合格したのです（大阪大学にも合格）。

慶應義塾大学は、国語という試験科目がないことで有名です。

どの学部でも、国語の代わりに「小論文」が課されます。数千～1万字近くの長文を読んだ上で、文章の要旨をまとめさせたり、文章に対する意見・主張を書かせたりするタイプの小論文課題です。

その年も重厚な課題でしたが、彼はそれについて、明るい声で言いました。

「国語塾でいつも書き慣れていたのでスラスラ書くことができて、もう途中から勝ち誇った気分になっちゃってました」

そして、なんと、**「時間が余ってしまった」**というのです。

この言葉には、本当に驚かされました。

そして、帰り際、彼はこう言いました。

「小学生の頃は作文が大キライだったんですけど、今は逆に、書くテストが出てくれると嬉しいくらいになりました。ありがとうございました」

こんな言葉をもらえるというのは、本当に、国語教師冥利に尽きるというものです。

彼は、どうやってここまでの力を身につけたのでしょうか。

その秘訣は、やはり同じく、「ふくしま式200字メソッド」でした。

骨組みとなる200字を論理的に構成する力がついたからこそ、400字、800字といった文章を自在に書けるようになったのです。

THE Fukushima Method

03 「型」を制する者は文章を制する

◆今こそ最初の一歩を踏み出そう

ここまでをお読みになり、次のように感じた方もいらっしゃるかもしれません。

「受験合格の話ばかりだな。もう少し身近なところでの成果はないのか」と。

もちろん、あります。

2学年下の漢字も書けないような、とことん国語の（勉強の）苦手な小学4年生の男子がいました。

しかしそんな彼も、練習を繰り返すうちに、原稿用紙の半分（つまり200字）を埋められるようになりました。もちろん、誰にも通じる、読みやすい文章で。

また、ある小学2年生の女子は、大人顔負けの文章を書きました。以前、私が書いた本、『「ビジネスマンの国語力」が身につく本』（大和出版）内で、その文章を紹介したほどです。

さらに、ある中学3年生の女子は、宿題とも言われていないのに、夏休み明けに800

字の作文を学校の先生に提出し、とてもほめられたそうです。

彼女もまた、国語が大の苦手だったのですが、自主的に作文を提出するなどという高い意欲を持つに至ったわけです。

こういった成果は、そのすべてが、「型」によるものです。

型こそが子どもたちを〝その気〟にさせ、型こそが子どもたちの書く力を育て上げたのです。

ところで、私はこれまで、12冊の本を世に出してきました。

その中で、多々、「型」の重要性を強調してきました。

ですから、熱心な読者の中には、「また同じような内容なのではないか」とお思いの方もいらっしゃるかもしれません。

たしかに、それらの本で展開してきた原理・原則を活用していることは間違いありません。

しかし、これまではどちらかと言うと、１００字にも満たないような短文（１～２文）を綿密に構成するための練習問題を重視してきました。

それに対してこの本では、先ほどから述べているように、２００字を基軸としたまとまった長さの文章を書くということを主眼にしています。

さらに、２００字をマスターした上で、４００字、８００字といった長文を書くための方法にまで言及しています。

その意味で、これまで世に送り出してきた本とはまた違った価値を持つ本になっているわけです。


さあ、お待たせしました。

いよいよ本編です。

文章を書くということの神髄に迫る第一歩を、今、踏み出しましょう。

あなたのお子さんが先に挙げた子どもたちの実例のような驚くべき成功をつかみとることができる日も、そう遠くはないはずです。

第1章

こんなにシンプル！「200字の型」は3つの文でできている

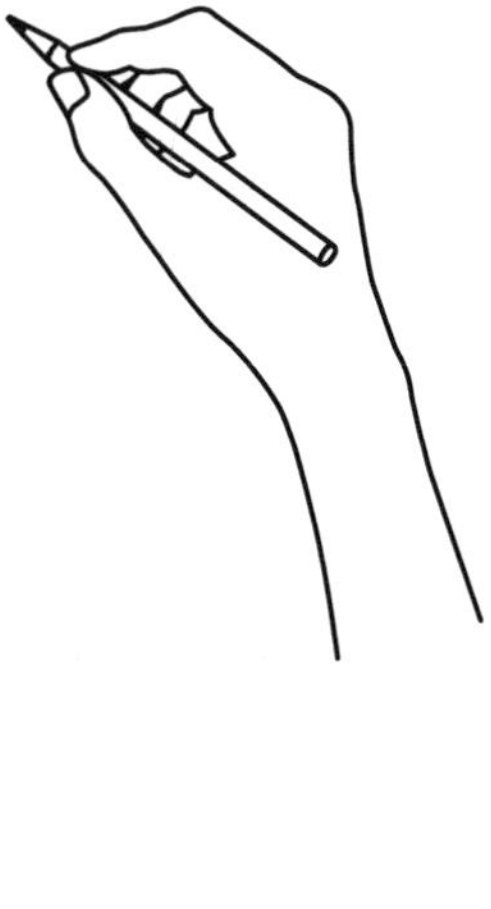

THE Fukushima Method

01 大切なのは「内容」？ それとも「方法」？

◆これでは「書く力」がつかないのも当たり前

「ふくしま式200字メソッド」なるものが大きな効果を発揮するらしいということは分かったが、それはいったいどういうものなのか、早く教えてほしい――。

はい、今すぐ、と言いたいところですが、少しお待ちください。

その前にまず、考えておくべきことがあります。

それは、「なぜ書けないのか？」ということです。

その理由には、大きく分けて2つあります。

第1に、**「書く内容」**が浮かばないということ。

「何を書いていいのか、分からない」ということ。

第２に、**「書く方法」**を持っていないということ。

「どう書いていいのか、分からない」ということ。

「書けない」というとき、その理由はこの２つに集約されます。

「何を」「どう」書くのか。内容と、方法。

さて、このうち、優先的に解決すべきは、どちらでしょうか。

多くの人は、ここで間違えます。

「内容（何を書くか）」を重視してしまうのです。

たとえば、日記が書けないまま手が止まっている子に対し、「ほら、今日はこんなことがあったでしょ？　あのときの、あの場面での話を書けばいいんじゃない？」などとアドバイスしてしまいます。

また、何かを読んでからそれについて書くという場合には、読んだ文章の内容にこだわってしまいます。

読書感想文ならば、

「ほら、この場面の主人公のセリフ、かっこいいじゃん。こういうことが言えるようになりたいです、とか、書いてみたら？」

などと助言してみたり。

読解問題ならば、

「筆者は自然を大切にって言いたいんだよ。だって、自然は大切でしょ？　ほら、この前旅行したときも、森の中にいたら気持ちがよかったでしょ？　そんなようなことを、この筆者は言いたいんだよ。そんな感じで、自然の大切さを、文章を見ながらまとめればいいんだよ」

などと半ばお説教めいたことを言ってみたり。

どれも、「内容」重視です。

こういう助言は、すべてが無駄というわけではありません。

しかし、その場限りです。

その場では、子どもは**「分かったような」**気持ちになります。

そして、ある程度、書くことができます。

しかし、次に別の内容を書かなければならない場合、手も足も出ません。

そのたびごとに振り出しに戻って、「さあ、何を書けばいいんだろう」と、途方に暮れることになります。

実際、日記であれ感想文であれ読解記述式問題であれ、十中八九、以前とは異なる内容で書かざるを得ません。

こんなことを繰り返していても、その子に「書く力」は育ちません。永遠に。

◆「型」に秘められた3つのメリット

では、どうすればいいのか。

答えは簡単。

まったく逆に考えることです。

形式優先でいくことです。

「内容」の反対語は「形式」です。

文章について言えば、「何を書くか」の反対語は「どう書くか」です。

「どう書くか」――これにこだわることこそが、大切です。

どう書くか。すなわち、書き方。

それは、書くための方法、書くための技術、書くための型を意味します。

型は、**「安心感」**を与えてくれます。

よりどころのないまま原稿用紙に向かうときのような不安感を、消し去ってくれます。

型は、**「文章の全体像」**を与えてくれます。

1文を書いても、2文めを考えなければならない。1段落を書き終えても、2段落めを生み出さなければならない。その都度、止まってしまう――こういった手探り状態を、一挙に抜け出せます。

あらかじめ航路の決まった状態で船出することができるというわけです。


そして、型は、「内容」を呼び込みます。


型があればこそ、そこに存在しなかった「内容」が、生み出されるのです。

ただし、この「型が内容を呼び込む」という点については、今は詳しく書きません。

これについて理解するには、第2章以降の文例をご覧いただくのが一番の近道です。

ここではひとまず、「型が内容を呼び込む」という言葉だけを、記憶にとどめておいてください。

THE Fukushima Method

02 ほとんどすべての文章に生かせる「ふくしま式200字メソッド」

◆ズバリ、最大の特長はここだ！

さあ、いよいよこの本の主役、「ふくしま式200字メソッド」の登場です。
45ページの図をご覧ください。
これが、あらゆる文章に応用できる黄金の「型」です。
図の中に示された「3つの力」（3つの関係）の意味については、後述します。
この「200字メソッド」には、いったいどのような特長があるのか。
ここから、説明していきましょう。

まず、全体構造としては、**「根拠→結論」**という流れになっています。
ただし、主張のある文章がこの2つで成り立っているというのは常識的なことですから、その点をあえて強調することは控えます。

この200字メソッドの最大の特長――それは、全体を支える骨組みが**「対比関係」**になっているという点にあります。

「ア」を否定し、「イ」を肯定する。


これこそが、この型の心臓部です。

ここで、思い出してください。

この本の冒頭で、私はこう述べました。

この型さえあれば、ほとんどすべての文章が書ける、と。

感想・意見・主張などを含む文章でさえあれば、この型は万能である、と。

実は、「書ける」だけではありません。

ほとんどすべての文章が、この型で**「書かれている」**のです。

何かを否定し、何かを肯定する「型」。

ほとんどすべての文章がこの型に集約されると断言できる理由は、いったいどこにあるのでしょうか。

ふくしま式200字メソッド

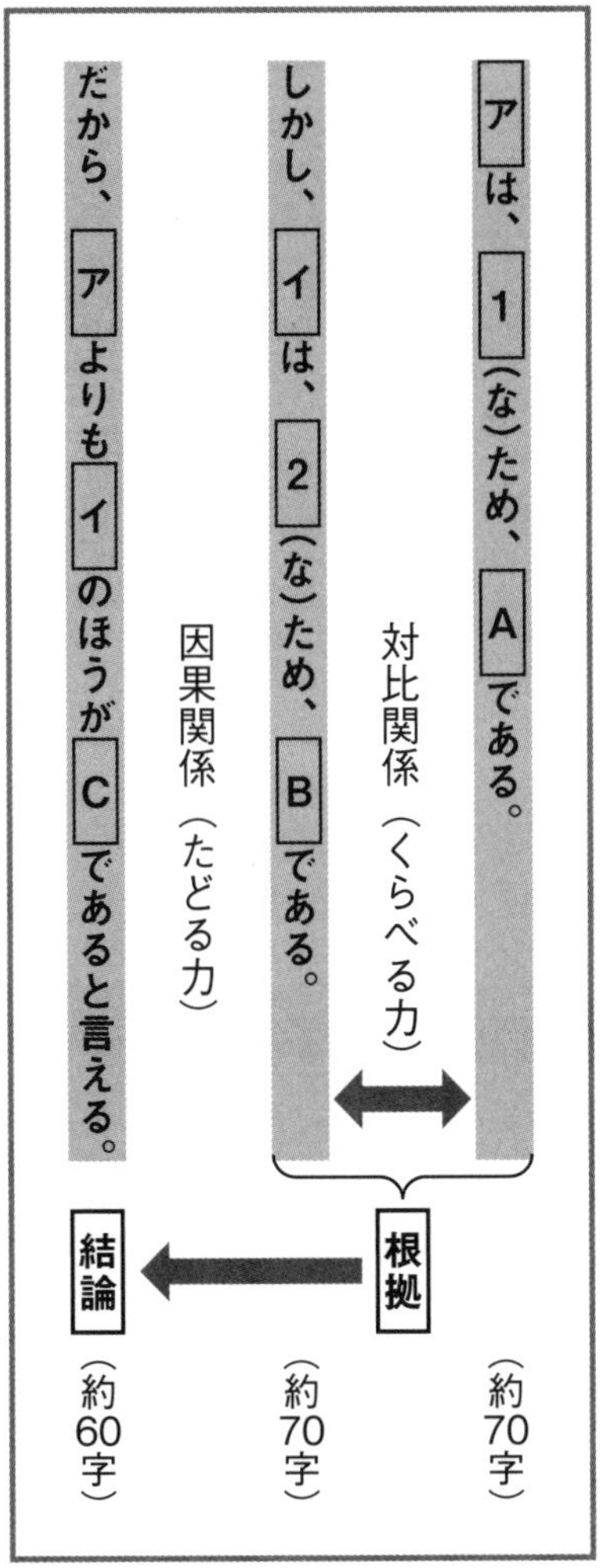

※同等関係（言いかえる力）は、主に、具体的メッセージを「A」「B」などの部分で端的に言いかえる場合に用います。また、抽象的すぎる文に具体例を加えていく際にも必要になります（詳しくは第2章以降で説明）。

※「3つの力」（3つの関係）については67ページを参照。

◆「分かる」の本当の意味、ご存じですか？

私たちは、何かを主張しようとするとき、当然ながら、相手に「分かってほしい」と思います。

「なるほど、あなたの言いたいことがよく分かった。よく理解できた」

誰しも、こんなふうに言ってほしいわけです。

ここで1つ、あなたに質問です。

「分かる」とは、どういうことなのでしょうか？

少し本を置いて、考えてみましょう。

できれば、余白にでも、あなたの考えを書いてみてください。

「分かる」とは、こういうことである——という1文で、まとめましょう。

私は、これと同じ問いを、授業で子どもたちに投げかけました。

そして、実際にノートに書かせ、何度か修正を要求し、同時に少しずつヒントを与えな

図1

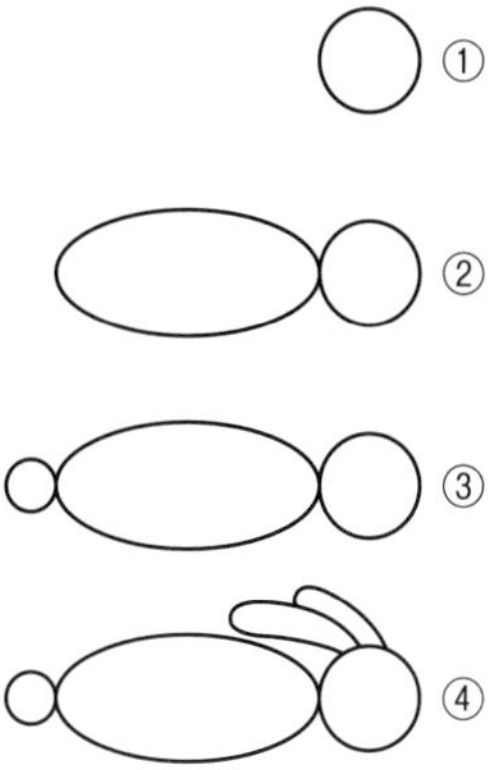

図2

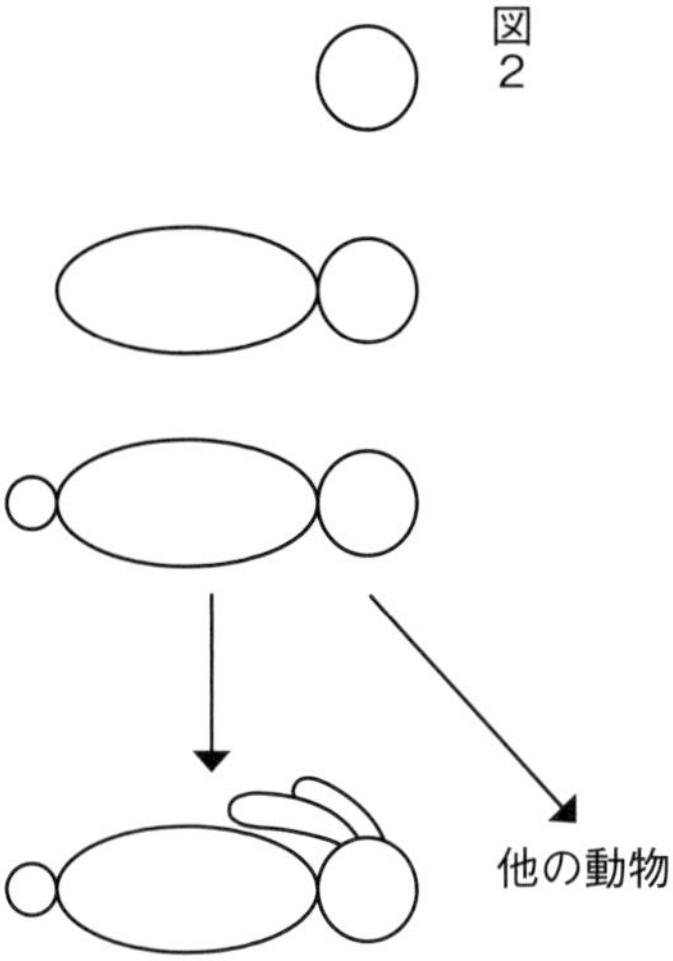

がら、正しい答えへと導いていきました。

そう、この問いには正解があります。

さあ、いかがでしょう。

書いてみましたか？

それでは、私が授業でどう教えたのかを紹介します。

私はある段階で、次のようなヒントを与えました。

「今から動物の絵を描きます。何の動物かが〝分かった〟ら、発表しなさい」

図1をご覧ください。

①・②の段階では、誰も発表しません。

③で数人、④で全員が「ウサギ」と答えました。

そこで私は、「では、なぜ〝分かった〟の

ですか、考えて書きなさい」と指示しました。

その後、「分かるとは〜〜である」という文をさらに何度か書かせながら、次のヒントである図2を示しました。

ここで、「区別」という言葉を書く子が出てきました。

私は、それをもって正解とし、次のような説明をしました。

——「わかる」という言葉を、なぜ「分かる」と書くのかを考えれば、その意味は自然に浮かんできます。


ズバリ、「分かる」とは、「分ける」ことです。


「分」という字は、刀で2つに切り分ける様子を表しています。

何かを切り分けることができた（＝区別できた）とき、それを「分かった」と表現するのです。

「わかる」は、「解る」とも書きます。

「理解」の「解」ですね。

この「解」の字にも、刀があります。

この字は、牛の角を刀で切り分ける様子を表しています。

「わかる」は、「判る」とも書きます。

これにも実は、刀があります。

右側は「りっとう（立刀）」という部首。

つまり、「判」は、刀で半分に分けるという字です。

先ほどウサギだと「分かった」のは、ウサギと他の動物との区別がついた瞬間、つまり、「分かたれた」「分けられた」瞬間だったのです——。


このような説明を受けて、子どもたちは、納得の表情を浮かべていました。

THE Fukushima Method

03 なぜ「ふくしま式200字メソッド」だと文章に説得力が生まれるのか?

◆カギは「対比」にあり

一見類似したものごとの間に**「違い」**を見出し、両者を**「分ける」**ことができた——そのとき、人は、**「分かった」**と表現します。

ということは、逆に「分かってもらう」ためには、一見類似したものごとの間にある「違い」を強調・明示し、両者を「分けて」示す必要があると言えるでしょう。

つまり、相違点の明示が必要です。

それこそが、「対比する」「くらべる」ということです。

たとえば、部活動としてサッカー部を選択した中学1年生の子が、先輩や顧問の先生から「どうしてサッカー部を選んだの?」と問われたとします。

そのとき、「なんとなく楽しそうだったからです」と答えるのと、「野球とは違って試合にスピード感があるからです。それに、バスケとは違って広いグラウンドを走り回ることができて、開放感があるからです」などと答えるのとでは、印象にだいぶ差が出ます。

後者のほうが、サッカーというものの特徴をよくとらえている、すなわちサッカーを分かっているということが、相手に伝わります。

スピード感や開放感だけでなく、「1点を取ることの難しさゆえのスリルと興奮」などといった観点にまで到達すれば、より「分かっている」と言えるでしょう。

サッカーほど得点しづらい球技も、なかなかありません。他の球技との区別に成功しているわけです。

むろん、子どもにとって身近なこういった例に限らず、世の中のあらゆる主張という主張は、分けること、対比することによって行われます。

選挙演説などは主張の最たる例です。政党や候補者は、重要度の高いいくつかの争点について、考え方の違いを強調します。「わが党は他党と違ってこう考えます」と、訴え続けます。

また、ある新商品を売ろうとする会社は、そのＣＭの中で、これまでの一般的な商品との差異を強調します。「ここが売りです」と、明示するのです。

このような対比的表現こそが、主張に説得性を与えます。

対比こそが、主張を支えているわけです。

だからこそ、対比的根拠を骨組みとした「ふくしま式200字メソッド」は、説得力を持つのであり、何らかの主張を持った文章でさえあれば、そのすべてがこの型に集約されると断言してよいのです。

◆人は「対比と選択」を繰り返している

実は、今述べた「違いを明確にする」というプロセスは、他者を相手にせずとも、自分自身の中で無意識的に行っているものです。

医師が自分自身で患者の治療法を選択・決定するときや、消防士が現場において自分自身で行動手順を選択・決定するとき……などといった重大な場面だけでなく、テスト中にどの問題から手をつけるかを選択・決定するときや、どんな言葉で友達に話しかけるかを選択・決定するとき、はたまた、傘を持って行くべきかどうかを選択・決定するとき等々、あらゆる場面で、誰もが、日々数限りなく、この「くらべる」という作業、「違いを明確にする」という作業を、何気なく行っているのです。

この治療法とあの治療法との違いは何か。この消火手順とあの消火手順との違いは何か。問1から解いた場合と問2から解いた場合とで、時間のかかり具合はどのくらい違うか。この言葉で話しかけたときと、別の言葉で話しかけたときとで、相手の反応はどう違ってくるか。傘を持って行った場合と持って行かなかった場合とで、どんな違いが出るか。

このように、あらゆる選択・決定の場で、私たちは、対比と選択を繰り返しています。自分自身との間でなされる沈黙の対話において、自分自身が、対比的根拠をもとに、自分自身に対して主張をする。

これが**「決定」**のプロセスであり、それはすなわち、理性を持った人間が生きていくプロセスそのものであると言っても過言ではありません。

そうであるならば、子どもたちが「ふくしま式200字メソッド」によって思考し文章を書くトレーニングを重ねるということは、子どもたちにとって、人生の予行演習であると言えるでしょう。

日々、目の前に現れる分岐点に立ったとき、感情に流されて誤った道を選んでしまうことなく、理性的に選択・決定し見事に困難を乗り越える力を子どもたちに育てていくこと。

これこそ、この本の究極の目的であると言えます。

THE Fukushima Method

04 「限定」するからこそ書き手は「自由」になれる

◆ちまたの「200字作文」と、どこが違うのか?

やや、話が大きくなりすぎました。

「200字メソッド」そのものの話に戻します。

実は、200字で文章を書かせるという手法は、世間でけっこう目にします。

「200字作文」と名づけられた学校用教材なども、多々あります。

しかし、私に言わせれば、それらの多くは難しすぎます。

「限定」が足りないのです。

200字で意見文を書かせる教材にありがちなのは、「まず結論を、次に理由を書きなさい。理由は２つ挙げ、それを２段落に分けて書きなさい」というパターンです。

たしかに、これだけでも、「自由に書きなさい」と指示するよりはよっぽどましです。

しかし、まだまだ限定が少ないと言えます。

この程度では、子どもたちは多くのミスを犯します。


たとえば、２つの理由がそっくりになってしまう。

あるいは、２つの理由の片方だけ具体的で、もう片方が抽象的になってしまいバランスが悪くなる。

相反する考え方で反論されたときに説得力を持たない内容になってしまう。

結論と理由のつながりがおかしくなってしまう。

理由が書かれているはずなのに、「え？　なんで？」と、さらに理由を問いたくなるような文章になってしまう。

そもそも、感情的・主観的な理由になってしまう。

あるいは、ありきたりな理由、ありきたりな結論になってしまう。


このようなミスの例は枚挙にいとまがありません。

「結論＋理由2つ」のパターンで書かれた、ミスだらけの文章を、私は数えきれないほど読んできました。

そもそもそれらは、単純な「ミス」というより、かなり深刻な「問題点」をはらんでおり、文章としての価値が大きく下がっていると言えます。

「ふくしま式200字メソッド」なら、これらの問題点のすべてを解決できます。

必要不可欠な「限定」をすべて備えていること。

これが、ふくしま式の真骨頂です。

自由を与えすぎないこと。むしろ、自由を奪うこと。

これが、結果的には、書き手に自由を与えることになるのです。

◆「芸術」と「技術」の決定的な相違点

このように書くと、おそらく疑問がわくでしょう。

よく分からないなあ、自由を奪うからこそ自由になるということの意味が——と。

無理もありません。

多くの人は、「自由を与えれば、人は自由になる」というように思い込んでいるのですから。

しかし、考えてみてください。


たとえば、水泳。

クロールにも平泳ぎにも背泳ぎにもバタフライにも、それぞれ、最善の「泳ぎ方」「泳ぐ技術」があります。いわば、泳ぎの「型」です。

この型を身につけないまま、海に子どもを放り出してみたらどうなりますか？

当然、泳げません。溺れます。そして、どこへも行けません。あの岸まで行きたい、あの島まで行きたいと思っても、決してたどり着けません。

こんなに不自由なことはありません。

一方、型を身につけていれば、泳げます。自由に泳げます。そして、海を渡りあの岸まで、あの島まで、行きたい場所へ、どこへでも自由にたどり着けます。

かといって、中途半端な型では、役に立ちません。

たとえば、平泳ぎができない子に、「とにかく手で水をかいて足で水を蹴ればいいんだよ」などと、いい加減な指示を出しただけでは、到底泳げるようにはなりません。

手を動かす軌道、足先を動かす角度や蹴る強さ、あるいは呼吸のタイミング……そういった「型」を漏れなく身につけないことには、自由に泳げる状態にはなりません。

夏季オリンピックで、世界トップクラスの選手が並んで泳いでいる姿を思い出しましょう。

どの選手も、ほとんど同じ動きをしていますね。

水泳のどんな種目にも、いえ、水泳だけでなくどんな競技にも、最善の「型」があります。だから、同じ動きになるわけです。

それどころか、あらゆる方法という方法には、**「ベストの型」**があるのではないでしょうか。

調理でも、作曲でも、建築でも、そこには洗練された型があります。

どんな料理も、音楽も、建築物も、型どおりにできています。

ただし、洗練された料理、音楽、建築物は、そこに型の存在を感じさせません。

むしろ型破りにすら思えます。

あるいは、まったく新しい型が生み出されているようにすら、見えるかもしれません。

しかしそれは、基本の型を無意識的に使いこなせるようになった料理人、作曲家、建築家が創造したからこその結果です。

決して、最初から型を無視しているのではありません。

そのようなハイレベルな領域に達したものを「芸術」と呼ぶわけですが、この本を手にしているあなたは、子どもたちを文章のプロとして芸術的領域にまで連れて行こうとしているわけでもないでしょう。

まずは、まっとうな文章を書けるだけの「技術」を身につけさせたい。

そんな思いでこの本を手にしているはずです。

むろん、ご自身の文章力向上のためにお読みの方でも、同様だと思います。


「芸術」は真似できません。

しかし、「技術」は真似できます。


「学ぶ」の語源は、「真似ぶ」にあります。

ここから紹介する基本技術を、とことん真似すること。真似することを恐れないこと。

これが大事です。お忘れなく。

THE Fukushima Method

05 「国語力＝論理的思考力」は3つの力で構成されている①

◆「国語力」の本質とは何か？

ベストの型、ベストの技術。
そろそろ、その本質をご覧にいれましょう。
そこで、序章で紹介した成功事例を、少し思い出してください。
これらの事例には、共通点があります。

それは、どの子も「整理された文章」を書けるようになったという点です。

この、「整理」という言葉が大切です。
私は日頃、**「国語力とは整理力である」**と、子どもたちに教えています。
バラバラ、ごちゃごちゃに見える言葉の断片を関係づけ、整理していくための力。

これが、国語力の本質です。

では、そのように整理するためには、どのような方法・技術・型が必要になるのでしょうか。


それをひとことでまとめて言えば、「論理的思考力」です。


論理的思考力などと言うと、整理どころか逆に混乱しそうなイメージを抱く方もいるかもしれませんが、そんなことはありません。

論理的思考力によって、混乱したものは整然とし、複雑だったものは単純になります。

そもそも、論理の理は整理の理。

その意味には共通性があります。

「理」という文字には、**「整った筋道」**といった意味があります。

ですから、論理的に考えるということは、整えながら筋道立てて考えるということです。

◆「学習指導要領」の分類と異なる点

そして、私は、論理的に考えるための技術を次の3つに分けています。

〈論理的思考力を構成する「3つの力」〉
●言いかえる力
●くらべる力
●たどる力

それぞれの意味については後述します。


まずは、次ページの図をご覧ください。

文部科学省による「学習指導要領」では、国語科の主たる内容を次のように分類しています。

すなわち、話す・聞く力、書く力、読む力。

学校から保護者に配付される通知表にも、こういう項目が並んでいるはずです。

しかし、私はこれに疑義を抱いています。

この分類はまるで、「球技力」「陸上競技力」「体操競技力」などと言っているようなものです。

とらえどころのない表現であり、かつ、ダブりがあります。

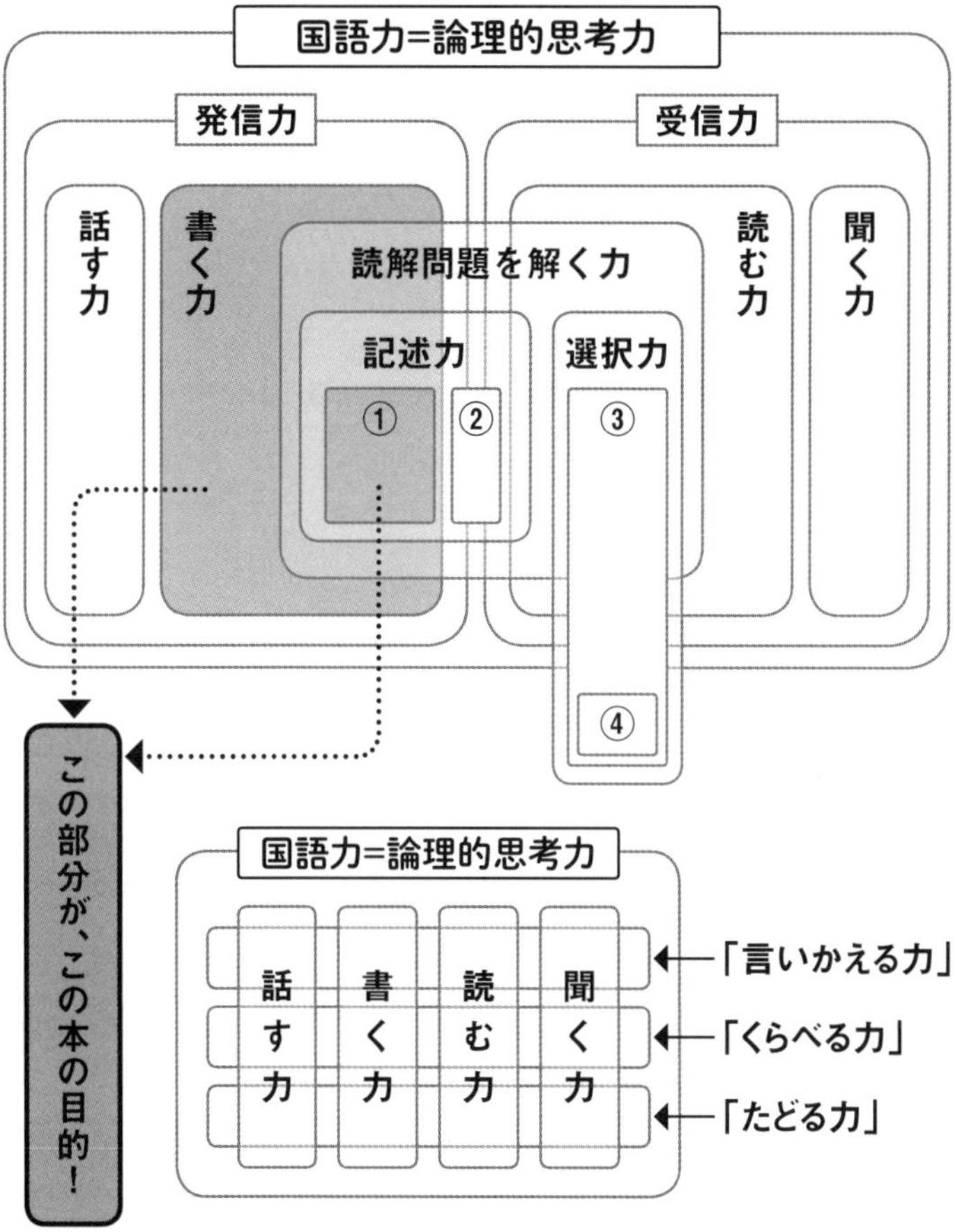

① 課題文をもとに、自分自身の言葉で記述する。
② 課題文からの「抜き出し」等によって記述する。
③ 出題者が記述したものから選択する。
④ ③の中でも、特に、論理的思考力によって解決しづらい選択問題。

球技に必要な力と陸上競技に必要な力とは、完全に区別できるのでしょうか？できません。

書くときに必要な力と読むときに必要な力とは、完全に区別できるのでしょうか？

やはり、できません。

今挙げた各競技に求められる能力の実体は、走る力、跳ぶ力、投げる力などの原初的技能にほかなりません。このように表現したとき、初めて、ダブりが取り除かれます。

話す・聞く力、書く力、読む力という分類も、同様にダブっていますから、それを取り除く必要があります。

言語操作における原初的技能は、「言いかえる力」「くらべる力」「たどる力」という3つの技能に分けたとき、初めて、ダブりを取り除くことができます。

私たちは、話す力を使って話すのでもなく、聞く力を使って聞くのでもなく、書く力を使って書くのでもなく、読む力を使って読むのでもありません。

私たちはいつも、これら「3つの力」を駆使して話し、聞き、書き、読むのです。

縦割りと横割りが組まれている下段の図は、そういう意味です。

一方、上段の図は、話す、聞く、書く、読むという一般的分類をあえて許容した場合の図です。

この本は、この4分類の中の**「書く力」**について、主に書かれています。

ただし、正確に言えば、「言いかえる力」によって書き、「くらべる力」によって書き、「たどる力」によって書く、そのための技術について、書かれています。

これらのことを念頭に置いて、この本をお読みください。

なお、図に示した③・④（選択式問題の解法）については、『ふくしま式「国語の読解問題」に強くなる問題集［小学生版］』（大和出版）で追究しています。

また、この図に示していない「語彙力」については、『ふくしま式「本当の語彙力」が身につく問題集［小学生版］』（同）によって強化できます。

ぜひご参照ください。

THE Fukushima Method

06 「国語力＝論理的思考力」は3つの力で構成されている②

◆「知っている」から「使いこなせる」へ

さて、図の意味をつかんでいただいたところで、ここであらためて、言葉を定義しておきます。

論理的思考力とは、無関係に思えるバラバラなものごとを、関係づけながら整理するための力である。

私たちの頭の中には、断片的な言葉（ないしは知識）がバラバラに存在しています。それぞれが、相互につながりのない状態で横たわっています。

子どもとなれば、その〝バラバラ度〟は、なおのこと強いでしょう。

もちろん、成長過程にある子どもは、実は多くのことを「知って」います。言葉、知識は、日に日に増えていきます。

わが子と話していて、「え？ いつの間にそんな言葉覚えたの？」と驚くことがあるでしょう。年齢が上がるにつれて、そういう場面は増えます。

しかし、よくよくたずねてみると、その言葉を単に「持っている」だけで、「使いこなせる」状態（＝他の言葉と関係づけられる状態）には至っていないということに気がつきます。

そのような、単に持っている・知っているだけの言葉を、他の言葉と関係づけることができたとき、初めてそれは、使いこなせる「武器」となります。

◆3つの力には、それぞれこんな特長がある

では、その「関係づけ」の技術とは、どのようなものなのでしょうか。

それは、先に挙げた「3つの力」です。

言いかえる力……同等関係を整理する力
くらべる力　……対比関係を整理する力
たどる力　　……因果関係を整理する力

順に説明していきましょう。

【言いかえる力――同等関係を整理する力】

同等関係とは、主に**「抽象・具体の関係」**のことです。

「みかん、バナナ、りんごなどの果物」「ハト、カラス、スズメといった、身近な鳥」などという表現は、抽象化しています。

逆に、「身近な鳥、たとえばハト、カラス、スズメなど」というように表現すれば、それは具体化したことになります。

〈具体〉みかん、バナナ、りんご
抽象化⬆⬇具体化
〈抽象〉果物

〈具体〉ハト、カラス、スズメ
抽象化⬆⬇具体化
〈抽象〉身近な鳥

このような関係を私は「同等関係」と呼び、それを整理する力のことを、「言いかえる力」と名づけています。

なお、「まだ知らないこと」を「未知」と言いかえるときのように抽象化も具体化も含まないようなパターンも、この「言いかえる力」に含めます。

【くらべる力――対比関係を整理する力】

対比関係とは、文字どおり、**「反対あるいはそれに近いことがらどうしをくらべるときの関係」**のことです。

たとえば、

「タクシーは、一度に乗れる人数が少ない分だけ、運賃が高い。
一方、バスは、一度に乗れる人数が多い分だけ、運賃が安い。」

という文章においては、次のような対比関係が存在します。

タクシー	⇔	バス
一度に乗れる人数が少ない	⇔	一度に乗れる人数が多い
運賃が高い	⇔	運賃が安い

このような関係を「対比関係」と呼び、こうしてバランスよく対比していく力を、私は「くらべる力」と名づけています。

【たどる力――因果関係を整理する力】

因果関係とは、**「原因と結果（根拠と結論）の関係」**のことです。

正しい因果関係、すなわち、客観的な因果関係になっているかどうか。

言いかえれば、10人中8人が納得できるような関係になっているかどうか。

これを意識することが大切です。

「この公園にはごみ箱がない。だから、ごみ箱を置くべきだ。」

という文と、

「この公園にはごみ箱がない。そのため、ごみが散らかって公園が汚れている。だから、ごみ箱を置くべきだ。」

という文とでは、後者のほうが客観的な説明になっています。

「ごみ箱がない」からといって、即、「置くべき」とは言えないということです。

このことは、逆にしてみると、より実感できます。

「ごみ箱を置くべきだ。なぜなら、ごみ箱がないからだ。」

たしかに、おかしいですよね。

この公園にはごみ箱がない
だから⬅➡なぜなら
ごみ箱を置くべきだ

この公園にはごみ箱がない
だから⬅➡なぜなら
ごみが散らかって公園が汚れている
だから⬅➡なぜなら
ごみ箱を置くべきだ

このような関係を「因果関係」と呼び、こうして客観性を維持しながら原因・結果を順にたどっていく力を、私は「たどる力」と呼んでいます。


さて、「3つの力」について、ひととおり紹介しました。

より詳しくは、第6章で解説しています。

また、なぜこの「3つ」だけでよいと言えるのか、なぜこれで「漏れがない」と言えるのかということについても、第6章で説明します。

気になる方は、先にそちらへ進んでもかまいません。

しかし、多くの方は、「ふくしま式200字メソッド」の使い方をそろそろ知りたいところでしょう。

論理的思考力＝「3つの力」をもとにして構築された画期的な技術。

お待たせしました。

いよいよ、その実践に入っていきます。

第2章

ズバリ、これが〝ふくしま式200字メソッド〟の基本ステップだ！

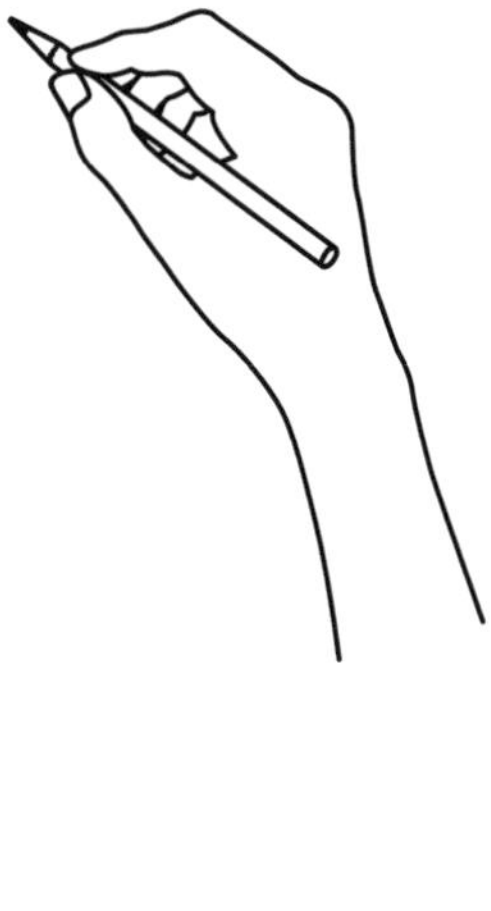

THE Fukushima Method

01 「型」を正しく使えば、年齢を問わず〝いい文章〟が書ける！

◆えっ、これが中1の書いた文章!?

第1章では、「ふくしま式200字メソッド」の全体像と、それを支える「3つの力」の概要について述べました。

この第2章では、「200字メソッド」を用いて実際に文章を書くときの手順や留意点について、具体的に説明します。

まずは、「200字メソッド」によって書かれた文章をご覧ください。

私の塾の生徒が実際に書いた作文です。

〈文例〉
音楽は、他人が作った曲から学び始めるため、模倣を大切にする。

> それに対して、美術は、自分が想像していることを描くことから始めるため、独創を大切にする。
> だから、音楽よりも美術のほうが、創造力を鍛えることができると言える。
> (中学1年生・女子)

完璧ではないにしても、かなり優れた内容になっています。

私は、一字一句たりとも手をつけていません。この子は、最初からこのように書いてきました。

これが、**「型が内容を呼び込む」**ということです。

型が指定されていなければ、この子は、「模倣・独創」などという言葉を頭の引き出しからノートへとアウトプットすることもなかったでしょうし、音楽と美術を対比してその創造性の違いに目を向けるということ自体、なかったはずです。

つまり、こんな内容の文章を書くことは、ほとんどあり得なかっただろうということです。

ただしもちろん、型さえあればすべての子が即座にこのように書けるというわけではありません。

型の使い方について、事前に一定の指導は行っています。

その内容を、この章で明らかにしていきたいというわけです。

◆最初は100字程度でもOK

その前に1つ。

〈文例〉を見て、「あれ?」と思ったかもしれません。

そう、短いからです。

実は、100字を軽く超える程度です。

これで200字メソッドと言っていいのか、と疑問に思うかもしれません。

しかし、初めのうちはこれでいいのです。

〈文例〉は、ほぼ型どおりになっています。

まずは、このことを高く評価すべきです。

このように端的かつ抽象的な文章を書けるということは、価値の高いことです。

ただし、抽象的にまとまった文章というのは、当然ながら具体性に欠けるため、そこを補っていく必要があります。

その結果として、200字に近づくわけです。

短く抽象的に書きすぎたならば、長く具体的にする。
長く具体的に書きすぎたならば、短く抽象的にする。

その増減の目標地点が、２００字であるということです。

骨組みだけになってしまったら、肉づけを意識する。
肉づけが多くなってしまったら、骨組みを意識する。

このような方針で「書いては修正する」ということを繰り返すうちに、２００字ちょうどくらいの長さの分かりやすい文章を、初めから書けるようになります。

45ページの型には「約70字」および「約60字」と書かれていますが、これも、あくまで目安です。厳密に守る必要はありません。

とはいえ、骨組みと肉づけのバランスを整えていけば、多くの場合その字数前後に収まっていきます。

「２００」という数も同様です。

型に沿って書くことで、自然にその字数に収まっていくのです。

「200」という数は、不可欠な骨組みと、その骨組みの理解を助けるためにちょうどよい量の肉づけとをそろえた場合の**「最適解」**であると言えます。

それから、もう1つ。

〈文例〉のような内容は、中学1年生だからこそ書けたんじゃないのか、とお思いの方もいらっしゃるかもしれません。

しかし、そんなことはありません。

小学生でも、この程度の文章は十分に書くことができます。

中~高学年はむろんのこと、低学年であっても、さしたる差のない文章を創り出せます。

それが、「型」の力なのです。

THE Fukushima Method

02 「ふくしま式200字メソッド」はこの手順で進めていこう

◆まずは先の2文から手をつける

そうは言っても創造・模倣なんて難しすぎるなあ、と思った方。大丈夫です。

最初からそのような抽象的内容を書く必要はありません。

まずは、身近な題材で型を埋めてみることから始めましょう。

ここで、第1章で示した「200字メソッド」を再掲します。

［ア］は、［1］（な）ため、［A］である。
しかし、［イ］は、［2］（な）ため、［B］である。
だから、［ア］よりも［イ］のほうが［C］であると言える。

「だから」で始まる3文めは最終的な主張の文であり、ややレベルが高いため、後回しにします。

まずは、先の2行から手をつけていきます。

ア は、 1 (な) ため、 A である。
しかし、 イ は、 2 (な) ため、 B である。

まず、「ア・イ」を決めていきます。

「何と何をくらべるのか」を考えるわけです。

初めのうちは、次のようなテーマから探してみましょう。

●動物　●草花、草木　●果物、野菜
●乗り物　●文具　●衣服　●季節　●スポーツ

たとえば、次のようなものです。

犬と猫。ハトとカラス。馬とロバ。
タンポポとチューリップ。桜と梅。ツツジとアジサイ。
レモンとみかん。ジャガイモとサツマイモ。
自転車と三輪車。バスとタクシー。飛行機とヘリコプター。
鉛筆とボールペン。鉛筆とシャーペン。画用紙と模造紙。絵の具と墨汁。
TシャツとYシャツ。ズボンとスカート。野球帽と麦わら帽子。
春と秋。6月と9月。12月と1月。
サッカーと野球。クロールと平泳ぎ。徒競走とリレー。

これらを見て、気がつくことはありませんか？

――そう、「どこか似ている」ということです。

それぞれの組み合わせには、多かれ少なかれ、共通点があります。

「春と秋の違い」を考えるときと、「夏と冬の違い」を考えるときとでは、どちらが頭を使うでしょうか？　夏と冬では、大半の子が「暑い／寒い」で終えてしまいます。しかし、春と秋ならば、そういうわけにはいきません。

つまり、大きな違いが最初から分かっているものではなく、多少の違いはあってもけっこう類似しているものを見つけて「ア・イ」に入れていくということが、大切なのです。むろん、「夏は暑い／冬は寒い」でも練習は可能です。うまくいかないなら、それでもよいでしょう。しかし、文章化する価値は下がります。できるだけ早い時期に「夏・冬」のパターンを脱し、「類似したものごとの中の相違点」に目を向ける練習を始めましょう。

◆「パーツごと」に考えるのがポイント

さて、それでは1つ、やってみましょう。

「ア・イ」を、鉛筆・ボールペンにします。

鉛筆は、［1］（な）ため、［A］である。
しかし、ボールペンは、［2］（な）ため、［B］である。

これでテーマは決まりました。

次は、「1・2」を考えます。

もちろん、「1・2」と「A・B」が同時に思いつくこともありますし、それならそれでまったくかまいません。

ただし最初のうちは欲張らず、パーツごとに考えていくのがおすすめです。

ここで大切なのは、思いついた内容をすぐに文章化してしまうのではなく、最低でも3つは考えてメモし、その中で最もよいと思うものを選ぶということです。

次のように、**「対比関係を整理するメモ」**を作ります。

	〈鉛筆〉		**〈ボールペン〉**
①	書いた後で消せる	⇔	書いた後で消せない
②	（多くは）値段が安い	⇔	値段が高いものもある
③	あまり長持ちしない	⇔	けっこう長持ちする

まだまだたくさんの相違点がありますが、今はとりあえずこんなところにしておきます。

ここでは、最も多くの子が考えつきそうな①を使ってみましょう。

> 鉛筆は、書いた後で消せるため、Aである。
> しかし、ボールペンは、書いた後で消せないため、Bである。

文章らしくなってきました。
さらに、「A・B」を決めていきます。
ここでもなるべく複数の内容を考え、その中から選ぶようにします。

〈鉛筆〉		**〈ボールペン〉**
① 便利	⇕	不便
② 気楽に使える	⇕	気楽には使えない

まだまだ出てくるはずですが、ここでは、読み手が〝なるほど〟と思いやすいであろう②を使うことにします。

鉛筆は、書いた後で消せるため、気楽に使える。
しかし、ボールペンは、書いた後で消せないため、気楽には使えない。

型では「Aである・Bである」となっていますが、「である」をいつもつけなければならないというわけではありません。

◆最後に3文めを決めれば完成！

さあ、これで、2文めまでが完成しました。
残るは3文めです。
結論「C」を決めていくことになります。

鉛筆は、書いた後で消せるため、気楽に使える。
しかし、ボールペンは、書いた後で消せないため、気楽には使えない。
だから、鉛筆よりもボールペンのほうがCであると言える。

これもなるべく複数考え、選ぶようにします。

①（鉛筆よりもボールペンのほうが）使うときに緊張する
②（鉛筆よりもボールペンのほうが）使う場面の少ない道具だと言える

①は、ありがちなミスです。

「気楽には使えない　↓　だから　↓　緊張する」


このように言ってみると、「あれ？」と思いますね。

そう、「だから」の前後で、ほとんど同じことを言っているのです。

原因と結果をつなぐのが「だから」の働きですから、前後に同じような内容を入れてはいけません。

このようなミスの例と、ミスの防ぎ方については、第3章以降で掘り下げます。

一方、②は、標準的で妥当です。

そこで、ここでは②を使ってみます。


鉛筆は、書いた後で消せるため、気楽に使える。

しかし、ボールペンは、書いた後で消せないため、気楽には使えない。
だから、鉛筆よりもボールペンのほうが使う場面の少ない道具だと言える。

これで完成です。

読点（、）がやや多い印象を受けるため、「鉛筆は・ボールペンは」の直後の読点を外します。

逆に、３文めの「ほうが」の直後に読点を入れます。

このような調整は、**「音読したときの不自然さが消えるようにする」**という基準で行っていくとよいでしょう。

最終的に、次のような文章に仕上がります。

鉛筆は書いた後で消せるため、気楽に使える。
しかし、ボールペンは書いた後で消せないため、気楽には使えない。
だから、鉛筆よりもボールペンのほうが、使う場面の少ない道具だと言える。

１００字にも満たない分量ですが、型どおりに書くことができています。

「鉛筆よりもボールペンのほうが使う場面が少ない」という結論に対しては、「大人の場合はそうでもないだろう」などといった疑問が残るかもしれませんが、そのあたりは最初のうちは目をつぶりましょう。

ある程度の客観性が感じられ、「なるほどね」と思えれば、まずは合格とします。

ここまでが、基本的な流れです。

この中で最も注目すべきことは、**「文章を作る際の順序」**です。

1文め（ア・1・A）、2文め（イ・2・B）、3文め（C）というように順々に書いていくわけではないということです。

ア・イを決め、1・2を決め、A・Bを決める。そしてCを決める。

このように、常に対比的バランスを意識しながら骨組みを組み立てていくわけです。

こうすることで、読み手に伝わりやすい安定感のある文章を仕上げることができるのです。

THE Fukushima Method

03 文章のレベルは「対比の観点」で決まる！

◆レベルの判断基準は3つある

さて、ここからは、よりハイレベルな内容にしていくための方法について、説明します。

「ア・イ」を何にするか以上に重要なのは、「1・2」および「A・B」です。

「1・2」および「A・B」を支えているのは、**「対比の観点」**です。

先の例で言えば、「消せるかどうか」「気楽に使えるかどうか」の部分です。

この対比の観点をいかにしてレベルアップさせるかが、文章全体の訴える力に直結するのです。

ただし、その方法を説明する前に、「レベル」の判定規準がそもそもどこにあるのかを、はっきりさせなければなりません。

どんな観点ならレベルが高いと言えるのか――それは、端的に言って次の3つに集約されます。

〈ハイレベルな観点の条件は３つ〉
（１）客観性が高いこと
（２）独自性が高いこと
（３）普遍性が高いこと

「客観性が高い」とは、10人中８人以上が納得するような内容を意味します。

「独自性が高い」とは、10人中２人以下しか思いつかないような内容を意味します。


これらを同時に成立させるのは、なかなか難しいことです。

多数が納得するけれども、思いつくのは少数。

いわば、「ひざを打つ」ようなアイデアです。読み手に「なるほど！」と言わせるような発想です。


そして、「普遍性が高い」とは、この場合、世の中のさまざまなことがらに広くあてはまるような観点であるということを意味します。


この３つが同時に成立するとき、その文章は間違いなくハイレベルになります。

客観性の高さゆえに多くの人を納得させることができ、独自性の高さゆえに多くの人の心を動かし、普遍性の高さゆえに多くの人がそれを真似してどこか別の場面で使いたくなる——そんな内容を、生み出すことができます。

そういった観点を生み出すための考え方を、さっそく、具体例でたしかめていきましょう。

◆どの観点のレベルが高いですか？

ここで、「鉛筆」と「シャーペン」をくらべた場合の観点を、低レベルなものから高レベルなものへと順に、４つ挙げてみます。

なぜ①のレベルが低く④のレベルが高いと言えるのかを、考えてみてください。

	〈鉛筆〉		〈シャーペン〉
①	芯が太い	⇕	芯が細い
②	芯が折れにくい	⇕	芯が折れやすい
③	筆跡の太さや濃さを調節できる	⇕	筆跡の太さや濃さを調節できない
④	用途が広い	⇕	用途が狭い

①〜④いずれも、客観性は備えています。
10人中8人に、「たしかにそのとおりだ」と言わしめるだけの妥当性があります。

そうなると、差が出るのは「独自性」と「普遍性」です。

まず、独自性からチェックします。
①・②は、10人中8人以上が思いつくであろう内容ですから、独自性は低いと言えます。
一方、③・④は、独自性が比較的高いと言ってよいでしょう。
「鉛筆とシャーペンって、どこが違う?」と口頭で問われて、「それはね、筆跡の太さや濃さを調節できるかどうかだよ」とか、「それは用途の広さだよ」などと答えられる人がどれだけいるでしょうか。
10人中2人もいないでしょう。
その意味で、独自性があると言えます。突飛な面白さには欠けていますが、③・④は高く評価できます。

そして、普遍性。

これは、④がダントツです。

「用途の広さ」という観点は、他のあらゆる道具ないしは方法にまで、発展させることができます。

一方、①芯の太さ・細さ、②芯の折れにくさ・折れやすさ、③筆跡の調節可否などは、文具の領域を出ることができません。

これにより、客観性・独自性・普遍性が最も高い④が最もハイレベルであると判定することができるわけです。

なお、①より②が優れていると言える理由は、次々ページですぐ明らかになります。

ヒントは、「動き」です。

「使っている場面」をイメージしているのは、②なのです。

さあ、次へ進みましょう。

THE Fukushima Method

04 「対比の観点」のレベルをグンと高めるとっておきの方法

◆考え方・やり方は意外に簡単

先ほど、あなたはこう思ったかもしれません。

「客観性・独自性・普遍性と言われてもなあ……。そんなの、うちの子にどうやって理解させたらいいのか、見当もつかないな」

それでは、それら3つの性質を磨くための考え方を、ここで紹介しましょう。

まず、独自性・普遍性を同時に高めるための方法です。

【静的観点から、動的観点へ】

写真を見くらべているような観点から、映像を見くらべているような観点へと移行させていく考え方です。

たとえば、自転車と三輪車をくらべるとき、静的観点では「タイヤの数」や「タイヤの大きさ」が真っ先に浮かびます。自転車の写真と三輪車の写真を見くらべているような観点です。

写真を見ているような観点でものごとを見ていても、誰もが知っている常識のレベルを脱することはできません。

なぜなら、視覚に頼りすぎているからです。

そこにある自転車、そこにある三輪車。

それを目でとらえれば誰もが分かる情報。

それが、タイヤの数・タイヤの大きさです。

そういった観点を脱するには、**「動き」**を想像することです。

道具類であれば、人間がそれを使っている場面を、想い描くことです。

つまり、映像を見ているような観点、動的な観点です。

自転車に乗っている自分、三輪車に乗っている幼児……そういった姿をイメージできるかどうかです。

むろん、これも視覚に無関係ではありませんが、目の前にある物体をただ眺めているような観点とは大きく異なります。

そういうイメージがわけば、「スピードの違い」「ひとこぎで走れる距離の違い」といった相違点が浮かび始めます。

そして最終的には、「用途の違い（自転車は移動手段であり、三輪車は遊具である）」といったレベルにまで到達できます。

このように、「多くの人が知ってはいるが、誰も言葉に出して表現してこなかったこと」を表現できたとき、そこに独自性が生まれるのです。

また、私たちの生活は常に動的なものであるがゆえに、動的観点こそが普遍性を持ちうるのだということも、忘れてはなりません。

【具体的観点から、抽象的観点へ】

言いかえれば、**「有形の観点から無形の観点へ」**ということです。

たとえば、青空と曇り空の違いを、「雲の有無」「傘を持って行く必要性」などとせず、「前向きな気持ちになりやすいかどうか」などとします。

形ある雲、形ある傘ではなく、形なき「気持ち」に目を向けるわけです。

あるいは、一戸建てとマンションの違いを、「建物の高さ」などとせず、「安心感とわずらわしさ」などとします（マンションにおいて他の人々と共同で住むことには、安心感もあればわずらわしさもある、という意味です）。

形ある建物ではなく、形なき「人間関係」に目を向けるわけです。

これらの考え方は、「モノ」ではなく「心」に目を向けるということでもあります。

ですから、**「物理的観点から心理的観点へ」**と表現してもよいでしょう。

こうすることで、ついとらわれてしまいがちな常識的観点を離れて独自性を発揮できるとともに、人の心理という普遍的観点によって多くの読み手の共感を得ることができるようになるのです。

◆この力を発揮できれば読み手も納得！

今述べている考え方は、基本的に、**「くらべる力＝対比関係整理力」**を軸としています。

しかし、ここで**「たどる力＝因果関係整理力」**を発揮することによって、よりハイレベルな観点を導き出すことができるようになります。

先に示した鉛筆の例で考えてみましょう。

鉛筆は芯が太い

だから ⬅

倒して使うこともできる

だから ⬅

筆跡の太さや濃さを調節できる

だから ⬅

文字だけでなく絵にも使える

ここまで考えたとき、「そうか、つまり用途が広いということだな」と気づき、先に述べたように普遍性の高い観点に到達できるわけです。

他の例でも同様です。
自転車の例を思い出してみましょう。

自転車はタイヤが大きい

だから⬆

ひとこぎで進む距離が長い

だから⬆

スピードが速い

だから⬆

移動の手段として使える

先に述べた「静的↓動的」「具体的↓抽象的」という考え方を意識するとともに、こうして「たどる」ことを意識することで、レベルアップはより簡単になります。

そして実は、この「たどる」考え方こそが、客観性と独自性という、矛盾するような2つの要素を両立させるためのカギとなるのです。

独自性というのは、ともすれば主観性に置きかわります。

たとえば、先に挙げた天気の例で考えます。

「曇り空は、いやな感じがする。しかし、青空は、いい感じがする。」

このように書くと、主観性を感じざるを得ません。自分勝手な言い分、という印象を受けます。

「いや／いい」の理由が不明だからです。

では、これならどうでしょう。

「曇り空は、雲があり日が差さないため、心も暗くなる感じがする。しかし、青空は、雲がなく日が差すため、心も明るくなる感じがする。」

これを、「表現力の問題だろ」と片づけてしまっては、学び（＝真似び）ようがありません。よく分析すれば、筋道が見えてきます。

曇り空には雲がある

だから⬅

日が差さない

だから⬅

心も暗くなる

「雲があり日が差さない」という部分をたどることができるかどうかが、多くの人を納得させられるかどうか、すなわち客観性に影響するわけです。

青空と曇り空の違いは、と問われてすぐに出てくる「雲の有無」で終わらせず、それに端を発してこのようにたどっていくことができれば、読み手を納得させる**〝表現力〟**を、技術的に解決できるようになるのです。

「いやな感じ」を「心が暗くなる」といった表現に変えることが難しいよなあ、と思うかもしれませんが、「日が差さない→暗くなる」という因果関係自体は、平易です。

そこに「心が」と足すだけのことです。

実は、さして難しくないことだと言えるでしょう。

ともあれ、このように因果関係をいつも意識することによって、主観的になりがちな心理的観点（無形の観点）の欠点を、補うことが可能になります。

THE Fukushima Method

05 手順に沿って進めただけで、こんなにハイレベルな文章に！

◆ここを工夫すれば文章の流れはより自然になる

さて、この章のしめくくりに、ここまでの考え方を生かして書いた文例を1つ紹介します。

> 鉛筆は、筆跡の太さや濃さを調節できるため、文字を書く際だけでなく絵を描く際にも使う。
> それに対して、シャーペンは、筆跡の太さや濃さをほとんど調節できないため、通常は文字を書く際にしか使わない。
> その意味では、鉛筆よりもシャーペンのほうが用途が狭い道具であると言えるだろう。

先に紹介した対比の観点を用いています。

こうして実際に文章化してみると、なかなかハイレベルですね。

ここまでに述べてきたような手順で考えれば、こういったレベルの文章を書くことも決して難しいことではありません。

ただし、「ア・イ」「1・2」「A・B」といったパーツ以外にも、立ち止まって考えるべきことがあります。


それは、接続語についてです。


より適した接続語を選ぶ必要が出てくるのです。

たとえば、この例文で言えば、3文めの「だから」の箇所を、「その意味では」に変えています。

これは、ほかにも次のような言葉で表現できます。

●そのため　●したがって　●ということは　●そう考えると　●その点では

前後を読んでみて、最も自然なものを選べばよいでしょう。

「だから」という言葉は、因果関係を示す表現としては最も一般的です。

ただし、「だから」の後には「当然の帰結」がくるという性質があり、そのためにやや強引な印象を与えやすい言葉でもあります。

ですから、独自の意見、独自の解釈などを述べる場合には、「だから」ではなく「そう考えると」などを使うほうが自然な文章になると言えるでしょう。

また、今回は、2文めの「しかし」の箇所を「それに対して」にしています。

対比関係が明確な文であればあるほど、「それに対して」が生きてきます。

これは、ほかにも次のような言葉で表現できます。

●それにくらべて　●だが　●ところが　●一方

こういった言葉が、「しかし」の代わりとして機能しやすい言葉です。

もちろん、それぞれの接続語には少しずつ働きの違いがあります。

このあたりについて詳しくは、第6章で述べます。

◆主張はマイナス評価でもかまわない

最後にもう1つ。

先ほどまでは「鉛筆のほうが用途が広い」というように、鉛筆をプラス評価する例を挙げていましたが、この文章のようにシャーペンの用途の狭さを述べる、すなわち、ア・イのどちらかをマイナス評価する形でも、もちろんかまいません。

主張というのは、いつもプラス評価である必要はありません。何かを否定的に見る主張、つまり批判も、立派な主張であると言えます。

一方で、次のような終わり方をすれば、また違った主張になります。

「その意味では、鉛筆よりもシャーペンのほうが、用途が特化された道具であると言えるだろう。」

シャープ・ペンシルとは、そもそも「鋭い（とがった）鉛筆」を意味します。

常に先をとがらせることで、文字を書くという用途に力を発揮できるよう、特化された道具なのです。

「用途が狭い」というマイナス評価が一転してプラス評価に変わる、こういった逆説的表現の技法までも使いこなせるようになれば、さらにハイレベルな文章を書けるようになるでしょう。

これは、ちょっとした視点の切り替えで可能になるものです。

そこで続く第3章では、そういったレベルを1つの目標としつつ、より多くの例を示していきます。

さあ、次のステップへと進みましょう。

第3章
ここがポイント！工夫ひとつで文章の〝質〟はこんなに高まる

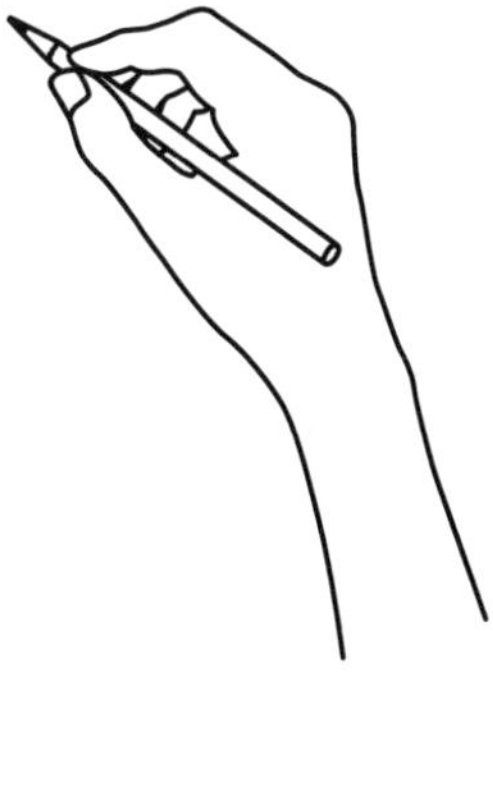

THE Fukushima Method

01 ついやってしまいがちな間違い・失敗例とその修正方法①

◆あなたは、きちんと教えられますか？

ここまでの第2章では、「ふくしま式200字メソッド」を用いて文章を構成する際の基本的な手順と、考え方の原則について述べてきました。

ここからは、より実践的な内容になっていきます。

よりよい文章が書けるよう、お子さんと対話をしながら進めていってほしいと思います。

今、**「対話」**と書きました。

わが家ではこれが「親子げんか」になってしまう――そんな声を、実はよく耳にします。

子どもに文章の書き方を教えてあげたい。でも、どうアドバイスすればいいのか。自分自身も作文が得意なほうではなかったし、迷ってしまう。

子どもが書いた文章を読んだとき、「うーん、何かおかしい」と思っても、じゃあどこをどう直せと言ってよいのか分からない。

だから結局、おおまかな助言や的外れな指導しかできず、子どもの文章は余計乱れていってしまう——。

こういうこと、ありますよね。

２００字メソッドを使って書いていても、そういう場面は多かれ少なかれ生じてきます。

型があるとしても、勢い余って型破りになってしまうというわけです。

しかし、「３つの力」を使えば、そんな間違いを的確に修正できます。

そこで、この章ではまず、間違い・失敗の例とその修正方法をいくつか紹介していきます。

◆ここでも3つの力が絶大な威力を発揮！

さっそく、次の例文から。

> メールは書くのが文字なので、気持ちが分かりづらい。
> しかし、電話には声があるため、怒っているかどうかなどが伝わりやすい。

【観点を統一する――くらべる力】

真っ先に直すべき箇所は、「A・B」の部分、つまり**「述部」**です（述部とは、述語を含むやや長い部分のこと）。

文の意味を決定づけるのは、いつも述部です。

「分かりづらい」と「伝わりやすい」では、対比的とは言えません。

「分かる」という観点と、「伝わる」という観点は、似てはいますが、意味が異なります（「分かる」は受け手目線であり、「伝わる」は送り手目線です）。

ここでは後者に合わせ、「伝わりづらい／伝わりやすい」としましょう。

このように観点を統一することですっきりした対比になり、それによって読み手は理解しやすくなるわけです。

「観点の統一」という技術は、「くらべる力」そのものであると言えます。

【抽象度をそろえる――言いかえる力】

また、抽象度をそろえることも大切です。

「気持ちが」と「怒っているかどうかなどが」は、前者が抽象的、後者が具体的です。

片方だけが具体的だと、文の長さに差が出やすくなります。

そうなると、分量のバランスが崩れ、読み手の理解を妨げます。


「天秤に乗せたような対比」を目指さなければなりません。


方法は2つ。

増やすか減らすか――具体例がないほうに具体例を添えるか、具体例をカットして抽象的なほうに合わせるかです。

200字で書く文章であるからには、やはり具体性を出すべきでしょう。

ただし、「怒る」だけでなく他も入れたいところです。

そこで、どちらも、「喜怒哀楽が」に言いかえることにします。

【因果関係を整える――たどる力】

さらに、「1・2」を修正します。

「(メールは)書くのが文字なので」と「(電話には)声があるため」です。

これは、少なくとも、「文字によって伝えるため」「声によって伝えるため」などとすべきでしょう。

ここまでは、先に述べた「観点の統一」です（何によって伝えるか、に統一）。


ここで、対比関係と因果関係を同時に整理します。

〈メール〉		〈電話〉
文字によって伝える	↕	声によって伝える
↑ため　？		↑ため　ＯＫ
喜怒哀楽が伝わりづらい	↕	喜怒哀楽が伝わりやすい

電話のほうは、一定の客観性を維持できています。声で伝えるから感情が伝わりやすいというのは、納得できます。

しかし、メールのほうはどうでしょうか。

文字だと感情が伝わりづらいというのは、やや疑問が残るところです。

そこで、反対語を活用します。

【反対語を活用する――くらべる力】

たとえば、「機械的な文字によって伝えるため」「生身の声によって伝えるため」などとする方法があります。

ここには、「機械⬍生身」という対比があります。

その背後には、「無生物⬍生物」「人工⬍自然」、さらには「無機的⬍有機的」という反対語があります。

「機械的⬍人間的」としてもよいでしょう。

まずこれらを意識できるかどうかが、最も大切です。

ただし、今回は、これらの反対語を直接使うとやや不自然な文章になるため、「機械⬍生身」といった表現にとどめておきます。

〈メール〉
機械的な文字によって伝える
⬅ため OK
喜怒哀楽が伝わりづらい

⬍

〈電話〉
生身の声によって伝える
⬅ため OK
喜怒哀楽が伝わりやすい

いかがでしょう。

納得できる度合いが上がりましたね。

◆慣れないうちは型を崩してはいけない

さあ、ここまでの修正を反映させた文章を見てみましょう。


メールは、機械的な文字によって伝えるため、喜怒哀楽が伝わりづらい。

しかし、電話は、生身の声によって伝えるため、喜怒哀楽が伝わりやすい。


最初の文章とくらべてみてください。

大きく変わりましたね。


ところで、これを読んで、こう思うかもしれません。

「整ったというのは分かるが……なんだか味気ないな」

味気ない。

そう、味気なくてよいのです。

乱れた文章を、「味わいがある」「個性的だ」などと評価してはいけません。

書き手が伝えたい意味を読み手に届けるという、最優先されるべき役割を果たせない文章は、決して評価できないのです。

私は、子どもたちにいつも言っています。

「鏡に映したようなキレイな対比関係で文章を書きなさい」と。

要するに、型どおりに書けということです。

型を崩してよいのは、それが自在にできるようになってからのこと。

このことを、いつも子どもたちに伝えていかなければなりません。

THE Fukushima Method

02 ついやってしまいがちな間違い・失敗例とその修正方法②

◆パーツごとに区切って文章の構造をチェックしよう

さて、次の例文です。


バスにはバス停があり、いつでもどこでも乗れるわけではないので、不自由である。

それに対して、タクシーにはバス停がなく、どこででも乗ったり降りたりできるので、自由である。

だから、バスよりもタクシーのほうが、自由に乗り降りできる乗り物だと言える。


この文章も、修正すべき箇所がいくつかあります。

この例文に限ったことではありませんが、文章の構造をチェックするときに不可欠な作業があります。

それは、**「パーツごとに／で区切っていく」**ということです。

バスには／バス停があり、／いつでもどこでも／乗れるわけではないので、／不自由である。
それに対して、／タクシーには／バス停がなく、／どこででも／乗ったり降りたりできるので、／自由である。

【観点の数をそろえる——くらべる力】

まず、——部です。
「いつでもどこでも」と「どこででも」は、バランスがとれていません。
バスについては、「いつ」（時間）と「どこ」（空間）が書かれているのに、タクシーについては「どこ」（空間）しか書かれていません。

次に、┅┅部です。
「乗れるわけではない」と「乗ったり降りたりできる」も、バランスがとれていません。

「乗る」だけなのか、「降りる」も含むのか。

こういうところに自分自身で目が向けられるようにならなければなりません。

ここでは、「降りる」も含めて書いたほうが説得力が出るでしょう。


【アンバランスな観点を抽象化する——くらべる力／言いかえる力】


「バスにはバス停があり」は問題ありませんが、「タクシーにはバス停がなく」はおかしいですね。

しかし、子どもというものは、こういう文章を平気で書いてしまいます。

夏と冬の違いを説明するときに「冬には夏休みがない」と言ってみたり、国語と算数の違いを説明するときに「算数には漢字練習がない」と言ってみたり。

つまり、片方には最初からその観点が存在しないのだから、当たり前であるということです。

これでは、違いを説明したことにはなりません。

これを私は、「アンバランスパターン」と呼んでいます。

観点がかたよりすぎており、バランスがとれていないということです。

これを修正する際に大切なのは、**「抽象化」**です。

抽象化するだけで、バランスがとれるようになります。

バス停 ⬇つまり⬇ 決まった乗り場

少なくともこの程度の抽象化が、求められます。

文にすると、こうなります。


バスには決まった乗り場がある ⬍ タクシーには決まった乗り場がない

こうすると、意味がつかみやすくなります。

しかし、よく考えると、タクシーにも「タクシー乗り場」があります。

タクシーは、「決まった乗り場からしか乗れないわけではない」というのが正確なところです。

ここに先ほどの「降りる」も含めて、より端的に言えば、こうなります。


バスは、発着場所が限られている ⬍ タクシーは、発着場所が限られていない

【結論を区別する——たどる力】

「それに対して、タクシーにはバス停がなく、どこでも乗ったり降りたりできるので、自由である。だから、バスよりもタクシーのほうが、自由に乗り降りできる乗り物だと言える」

右の——部は、ほとんど同じことを言っています。

それなのに「だから」でつないでいるというのは、非論理的です。

「だから」の前後は因果関係ですから、同じ内容にしてはいけません。

さて、ここまでの修正箇所をすべて反映させると、たとえば次のような文章になります。

> バスは、発着場所および乗車できる時間帯が限られているものであり、不自由である。
>
> それに対して、タクシーは、発着場所および乗車できる時間帯が限られていないものであり、自由である。

だから、バスよりもタクシーのほうが、急な移動が必要になった際に役立つ手段であると言える。

「1のためAである」の部分は、この文章のように、「1でありAである」と書いてもかまいません。

「肉食動物のため危険である」を、「肉食動物であり危険である」としても通じるのと同様です。

このあたりは、その都度適した表現を選びます。

◆まずは「型どおり」に書く――それが大原則

さて、いかがでしょうか。

この文章についても、／を入れてチェックしてみてください。

「鏡に映したような対比」になっていますね。

しかし、この文章を読んで、こう思ったかもしれません。

「なんだか堅苦しいなあ。発着場所および乗車できる時間帯、って、同じことを2回も繰り返す必要あるの？」

「もうちょっと自然な感じの文章のほうがいいんじゃないの？」

「こういうの、子どもらしい文章という感じがしないなあ」


その思いはよく分かります。

しかし、何度か触れてきたように、とにかくまずは「型どおり」に書くことです。

あらゆる芸事にあてはまる**「守・破・離」**という考え方をご存じでしょうか。


まずは型を守ること。


これが大原則なのです。

もちろん、この本では、型を破り型を離れる〝方法〟についても、丁寧に紹介します。

しかし、あと少しだけ、型どおりの書き方を学んでいく必要があります。

THE Fukushima Method

03 実際に「型」に沿った形で200字の文章を書いてみよう

◆もう、武器は揃っている！

ここまで、ミス・間違いの修正方法について、ひととおり説明しました。

次は、**「長さ」**です。文字どおり200字を目指します。

これまでは、型どおりであれば200字を大幅に下回っていてもかまわない、というスタンスで説明してきました。

しかし、より説得力のある文章にするためには、やはり200字を目指さなければなりません。

今回は、「図書室や図書館で本を借りるか、書店で本を買うか」（借りて読むか、買って読むか）というのがテーマ（ア・イ）です。

ところで、そろそろお子さんに原稿用紙を与え、実際に書かせてみてはいかがでしょうか。

400字詰め原稿用紙の半分を目指して、まずは一度、書かせてみてください。

そして、ここまでに紹介してきたような修正方法でアドバイスし、対話をしながら、よりよい文章に仕上げていってください。

それがひととおり終わった段階で、次に進みましょう。

◆観点を増やせば、おのずと文章は長くなる

さて、文例です。

> 図書室や図書館で本を借りた場合、一定期間後に返却しなければならず、また、自分でお金を出して買った本ではないため、本に対する愛着の気持ちはわきにくい。
> 一方、書店で本を買った場合、ずっと手元に置いておくことができ、また、自分でお金を出して買った本であるため、本に対する愛着の気持ちがわきやすい。
> そう考えると、借りて読むよりも買って読むほうが、その本の内容をより深く味わうことができるのではないだろうか。

これまでの例よりも長くなりました。

しかし、これでほぼ200字です。

これまでに示してきた例では、「ア・イ」が名詞でした（自転車・三輪車、青空・曇り空、鉛筆・ボールペン、鉛筆・シャーペン、メール・電話、バス・タクシー等）。

しかし、今回は、「ア・イ」が動詞になっています（借りる・買う）。

これが、文章のボリュームを上げた1つの要因です。

動詞の場合、「どこで」「何を」などといった具体的な情報（今回の例では「図書室や図書館で／書店で」「本を」）を必然的に加えることになるため、その分だけ長くなりやすいということです。

また、「1・2」にあたる内容が、「また」をはさんで2つに分けられていることも、ボリュームアップにつながっています。

1「一定期間後に返却しなければならず、また、自分でお金を出して買った本ではない」
2「ずっと手元に置いておくことができ、また、自分でお金を出して買った本である」

この中には、対比の観点が2つずつあります（1つは返却の要不要、もう1つは対価負担の有無）。

このように2つの観点を入れれば、当然、文章は長くなります。

文章が長くなっても整理された形式を維持できるというのが、1つの目標地点です。

◆「主語・述語」という考え方にとらわれすぎない

さて、お子さんの書いた文章は、いかがでしたか。

ここで、いくつかの注意点について補足しておきます。

今の文章では、「ア・イ」が「〜場合」となっていましたが、こういう書き方でもよいのです。

「借りる場合（は）、〜」「買った場合（は）、〜」というのは、文の**「主題」**です。

「ア・イ」には「主題」を入れるというのが、最も分かりやすい考え方です。

次の例を見てみましょう。

ア は A である。（Aを1に置きかえても可）

人参 は 栄養が豊富 だ。

この文の述語は、「豊富だ」です。

では、主語は何でしょうか。

「人参は」? それとも「栄養が」?

答えは、「栄養が」です。

豊富なのは栄養であって、人参ではありません(人参がたくさんあるという話ではありません)。

では「人参は」は、何なのか。

それは、「主題」です。

学校教育における国文法では、この「主題」という概念が指導されることはあまりありません。

しかし、外国人に日本語を教える現場すなわち日本語教育(における日本語文法)では、むしろ「主語」より重要な要素として「主題」が出てきます。

主題とは、**「何について話しているか」**、すなわちテーマです。

「人参は栄養が豊富だ」の場合、「人参について言うと、栄養が豊富だ」という意味です。

先の文章も、「借りる場合について言うと、愛着がわきにくい」という意味です。

ですから、「ア・イ」は必ず「主語」になる、ととらえないようにしてください(主語とは、〝誰が・何が〟にあたる言葉)。

ただし、主題と主語が一致する場合も多々あります。

たとえば、「彼女は泣いた」の場合、「は」は主題でもあり、主語でもあります。

これは、「彼女について言うと、彼女が泣いた」ということです。

このような場合、「彼女は」は、主語でもあり主題でもあります。

簡単に言えば、「ア・イ」はほとんどの場合、主題になるが、主語にはならない可能性があるということです。

あなたもきっと、学校教育における「主語・述語」という考え方にとらわれているところがあるはずです。

「ふくしま式200字メソッド」によってお子さんに書き方を教えようとするとき、「ア・イ」を「主語」と決めつけてしまうことのないよう、気をつけましょう。

さて、ここまでで、200字メソッドをひととおり理解できたものと思います。

ここで、実際に文章を書く練習をする際に用いることのできる「題材リスト」を挙げておきます（次ページ参照）。

これらを活用し、ぜひ、数多くの練習を積んでください。

題材リスト(レベルアップバージョン)

ア	イ
メガネ	サングラス
5年生	6年生
中学生	高校生
ひらがな	カタカナ
運動	スポーツ
マンガ	小説
マンガ	アニメ
音楽	美術
「ポタポタ」	「ポタッポタッ」
「思う」	「考える」
「後悔」	「反省」
「原因」	「理由」

「思う・考える」「原因・理由」については、『ふくしま式「本当の語彙力」が身につく問題集〔小学生版〕』(大和出版)も参照してください。

これらは、80ページで列挙した基礎的な内容をもう少しレベルアップさせたいお子さん向けの課題です。

挑戦してみましょう。

アとイは、入れ替えてもかまいません。

通常は、主張（C）に直結した内容を「イ」にします。

たとえば、5年生と6年生をくらべて、「6年生のほうが……」と主張したい場合には、イを6年生にするということです。

なお、ここに挙げた例は、この先の解説の中で一部を取り上げていきます。

THE Fukushima Method

04 文章の〝質〟がさらにアップ!「型を崩す」=「新しい型を作る」方法①

◆「具体化」をすれば、より主張が伝わりやすくなる

ここからは、いわば**「型の崩し方」**です。

とはいえ、いきなり型を無視してよいというわけではありません。

少しずつ型を〝崩す〟ことで、文章を膨らませていく技術を学ぶのです。

これらが、次章で述べる４００字、８００字といったさらなる長文を書く力へとつながっていきます。

型を崩すとは言っても、それは言いかえれば、**「新たな型を作る」**ということでもあります。結局は型・技術・方法なのであり、どんな内容にも活用できる形式をそなえていなければ、価値がありません。

この章で提示する新しい型を、これまで同様使いこなせるよう、頑張ってほしいと思います。

さて、まずは、**「具体化」**の方法です。
新たな型の1つめは、次のようになります。
最初の2文（2段落）だけを示します。

ア は、★ などのように 1 （な）ため、A である。
しかし、イ は ☆ などのように 2 （な）ため、B である。

どこが新しいか、お気づきですね。
そう、「★などのように／☆などのように」が加わりました。
それぞれが、「1・2」の具体例となっています。
たとえば、次のような構造です。

〈具体〉　　　　　　**〈抽象〉**
餅、豆腐 などのような 白い食べ物

この場合、「白い食べ物」の具体例が、「餅・豆腐」であるということになります。

「などのような」「などのように」「というような」「というように」「といった」「などといった」「などといったような」等々、同様の表現はとてもたくさんあります。

この形での例文を、さっそく挙げてみます。

先に例示した題材リストの中の、「ひらがな／カタカナ」を用います。

> ひらがなは、「つ」「し」「る」などのように丸みを帯びているため、ゆったりしたイメージのある文字だ。
> しかし、カタカナは、「ツ」「シ」「ル」などのように角張っているため、引き締まったイメージのある文字だ。

あるいは、次のような位置でもかまいません。

> **[ア]は、[1](な)ため、[★]などのように[A]である。**
> **しかし、[イ]は[2](な)ため、[☆]などのように[B]である。**

「★などのように／☆などのように」が、今度は「A・B」の具体例となっています。
同じテーマで書くと、こんな感じになるでしょう。

ひらがなは丸みを帯びているため、「ひと」「もち」「わさび」などのように、やわらかな印象を与える。【①】
一方、カタカナは角張っているため、「ヒト」「モチ」「ワサビ」などのように、カタい印象を与える。【②】
（文末の【①】【②】は、便宜上の記号）

ちなみに、具体例が加わらないと、次のようになります。

ひらがなは丸みを帯びているため、やわらかな印象を与える。【①】
一方、カタカナは角張っているため、カタい印象を与える。【②】

具体例があったほうが、書き手の伝えたいイメージが読み手にはっきり伝わりますね。
具体例は、説得力を向上させるのです。

◆「型」さえ意識していれば、何があっても大丈夫！

これを次のように書けば、よりいっそう説得力が上がるでしょう。

ひらがなは丸みを帯びているため、「ひと」「もち」「わさび」などのように、やわらかな印象を与える。【①】
たとえば、「ひと」は、人間味を感じる。「もち」は、つきたての感触がある。「わさび」は、あまり刺激がなさそうだ。【①の具体的説明】
一方、カタカナは角張っているため、「ヒト」「モチ」「ワサビ」などのように、カタい印象を与える。【②】
たとえば、「ヒト」は、動物の一種のように感じる。「モチ」は、お店で売っている四角い切り餅のようだ。「ワサビ」は、かなりツーンとする感じがする。【②の具体的説明】

さあ、いかがでしょうか。
ああ、これが「作文」だ。

そんな印象を受けたかもしれませんね。

このあたりから、**「味のある文章」「個性ある文章」**の領域へと、足を踏み入れていくわけです。

しかし、これとて、次のような「型」で書かれているだけです。


ア は、 1 （な）ため、 ★ などのように A である。

たとえば、 ★ は、 a である。

しかし、 イ は、 2 （な）ため、 ☆ などのように B である。

たとえば、 ☆ は、 b である。


書き方をより詳しくチェックするため、「★は、ａである／☆は、ｂである」の部分を、今の文章で整理してみましょう。

〈抽象〉	ひらがな　やわらかな印象	↕	カタカナ　カタい印象
	たとえば ←（具体化）		たとえば ←（具体化）
〈具体〉	「ひと」　人間味を感じる	↕	「ヒト」　動物の一種のよう

〈具体〉「もち」つきたての感触がある ⟷ 「モチ」売っている四角い切り餅

〈具体〉「わさび」あまり刺激がなさそう ⟷ 「ワサビ」かなりツーンとする感じ

「やわらかな印象」と「カタい印象」はほとんど反対語ですが、それ以外の〈具体〉の部分は、反対語とは言いづらいですね。

「つきたて」と「四角い」では、反対語ではないどころか、観点が統一されていないようにすら思えます。

しかし、これでよいのです。

というのも、〈抽象〉において明確に「やわらかい⟷カタい」という対比関係を示しているため、読み手にも、〈具体〉における「つきたて」と「四角い」が対比的意味であるということが伝わるのです。

型を意識して書きさえすれば、この程度の「個性」を出しても文章はビクともしないわけです。

ほかにも、こういった具体化の方法は多々ありますが、それらは次の章以降で示していくことにします。

◆ちょっと手を加えるだけで200字が300字に！

ところで、今回の例文は、最後の1文（「だから、……」以下）をまだ示していません。

お子さんなら、あるいはあなたなら、どんな文を続けるでしょうか？

お子さんと共に考えてみてください。


たとえば、次のようになるでしょう（全文を示します）。


ひらがなは丸みを帯びているため、「ひと」「もち」「わさび」などのように、やわらかな印象を与える。

たとえば、「ひと」は、人間味を感じる。「もち」は、つきたての感触がある。「わさび」は、あまり刺激がなさそうだ。

一方、カタカナは角張っているため、「ヒト」「モチ」「ワサビ」などのように、カタい印象を与える。

たとえば、「ヒト」は、動物の一種のように感じる。「モチ」は、お店で売っている四角い切り餅のようだ。「ワサビ」は、かなりツーンとする感じがする。

このように考えると、同じ言葉であっても、どんなイメージを伝えたいかによって、ひらがな・カタカナを意図的に選びながら書く必要があると言えるだろう。

このような結論づけもまた、応用パターンです。

なぜなら、本来の型では、「ア」か「イ」のどちらかに価値を置くのが基本とされていたからです。

この「使い分けが大切」というような結論づけは、いわば**「両立パターン」**です。主張らしくない主張であると言えますが、これも1つの書き方ですから、覚えておくとよいでしょう。

もし主張らしく終えるなら、こんな書き方になるはずです。

「このように考えると、ひらがなを多用して書くほうが、読み手を穏やかな気持ちにさせると言えるだろう。」

「このように考えると、カタカナを使ったときのほうが、読み手を知らず知らずのうちに不愉快な気持ちにさせてしまうと言えるかもしれない。」

なお、こういった結論部分までを含めて、既に約３００字です。

こんなふうに、「ふくしま式２００字メソッド」にちょっと手を加えるだけで、あっという間に、４００字詰め原稿用紙の４分の３の量まで到達します。

実際には段落分け（改行）が加わるわけですから、これだけで原稿用紙1枚分ほどに達していると言ってよいでしょう。

文章を膨らませるのは、意外に簡単そうですね。

より詳しくは、次の章で説明します。

THE Fukushima Method

05 文章の〝質〟がさらにアップ！「型を崩す」＝「新しい型を作る」方法②

◆プラスをマイナス、マイナスをプラスに

さて、「型を崩す」＝「新しい型を作る」方法の2つめは、ズバリ**「逆説化」**です。

「くらべる力」と「たどる力」を意識する方法です。

「ふくしま式200字メソッド」における逆説化とは、マイナス評価したものをプラスの結論に、プラス評価したものをマイナスの結論に持っていく手法です。

簡単に言えば次のような書き方（型）です。


［ア］は［1］なため、強い。

しかし、［イ］は［2］なため、弱い。

だからこそ逆に、［ア］よりも［イ］のほうが、これから成長する可能性が高いと言える。

通常ならば、「イ」をマイナス評価したままで3文めを書いてしまうところですが、このように逆説化することによって、独自性の高い文章にすることができます。

先に例示した題材リストの中の、「マンガ／アニメ」を用いて考えてみましょう。

> アニメは、人物の動きだけでなく声があり、さらに音楽もあるため、視聴者は感情移入しやすく、物語に引き込まれやすい。
> しかし、マンガは、人物の動きもなければ声もなく、音楽もないため、読者は感情移入しにくく、物語に引き込まれにくい。
> だからこそ逆に、そのマンガという表現によって読者を感情移入させ、物語に引き込むことができたならば、それは価値の高いことだと言えるだろう。

2文めでマンガをかなりマイナス評価していますが、3文めではそれを逆手にとり、プラス評価へと変化させていますね。

「だからこそ逆に」がポイントです。

「たどりながらくらべる」、つまり、因果関係を意識しながら対比関係も意識する。

そういう技術です。

さらに、題材リストの中の「5年生／6年生」を用いた文章を紹介します。


5年生は、高学年ではあっても最高学年ではないため、委員会活動などの場で積極的に仕事をする場面は少なくなりやすい。

しかし、6年生は最高学年であるため、委員会活動などの場で積極的に仕事をする場面が多くなりやすい。

だからこそ逆に、6年生よりも5年生のほうが、積極性を発揮する場面はこれから増えていくわけであり、頑張りどころであると言える。


これで、一応の逆説化が成り立ちました。

とはいえ、3文めは若干読みづらい感じが残ります。

こうすればどうでしょうか。


だからこそ逆に、6年生よりも5年生のほうが頑張りどころであると言える。

というのも、積極性を発揮する場面はこれから増えていくはずだからである。

このような「型」を、次にチェックしていきましょう。

その前に1つ。

「委員会活動などの場で積極的に仕事をする場面」という部分が完全に同じであり、これも読みづらいのではないか——そう思うかもしれません。

もちろん、そうです。読みづらいはずです。

2文めでは、「そういった場面」というように、指示語を用いて簡略化したほうが自然です。

そろそろ慣れてきたでしょうから、この**「自然な書き方」**に変えていってよいでしょう。

ただし、繰り返しますが、不慣れなうちは型どおりに書くべきです。

それが、正確な読み書きを可能にする技術の体得のために、不可欠な姿勢です。

◆どちらの文が分かりやすいですか？

さて、次の文例をお読みください。

134ページの文例に、「だから」以降の結論をつけたものです。

ひらがなは丸みを帯びているため、「ひと」「もち」「わさび」などのように、やわらかな印象を与える。【①】
一方、カタカナは角張っているため、「ヒト」「モチ」「ワサビ」などのように、カタい印象を与える。【②】
だから、日本人には、ひらがなのほうが受け入れられやすいだろう。
というのも、D。

「日本人には受け入れられやすい」という文だけで、「ああなるほど、たしかに」と思える人もいるはずですが、「え? どうして?」と思う人もいるはずです。
そこには、必ずしも一般的とは言えない前提があるからです。
それが「D」に入るわけですが、さて、どう書けばよいでしょうか。

たとえば、次のようになるでしょう。

「というのも、日本人は、はっきりしたものより曖昧なものを大切にする傾向にあり、同じようにやわらかな文字を好むはずだからである。」

もし、これを「だから」の文に無理やりくっつけると、こうなります。

「だから、はっきりしたものより曖昧なものを大切にする傾向にあり、同じようにやわらかな文字を好むはずの日本人にとっては、ひらがなのほうが受け入れられやすいだろう。」

これでは長すぎて分かりづらいですね。
だから、文を切り、順序を入れ替えるのです。
具体的には、こうなります。

★【①】＋【②】
ひらがなはやわらかく、カタカナはカタい

☆日本人は、はっきりしたものより曖昧なものを大切にする傾向にあり、同じようにやわらかな文字を好むはずだ

だから

（結論）日本人には、ひらがなのほうが受け入れられやすい

★から結論へと因果関係をつないでおいて、後から、☆のような前提条件を追加するという形です。

一方、先ほど書いた「長すぎて分かりづらい」文は、★と☆を最初にすべて説明し、それから結論を述べる形です。

どちらも論理的には間違っていませんが、読みやすさ・分かりやすさという点では、前者のほうが上です。

なお、「というのも」という言葉は、「なぜなら」と似たような働きを持ちますが、とりわけ、こういった補足説明（前提条件を補足する場合）に使われる傾向があります。

たとえば、こんなふうに使います。

「ケンタは、足が動かないため体育を見学することになった。というのも、昨日、重い荷物を落として足を怪我してしまったらしいのだ。」

使いこなせば、いっそう読みやすい文章を書けるようになるでしょう。

◆「結論→理由」という型で書くときの注意点

結論を先に書いてしまうという意味では、次のような型がその典型です。

[ア]よりも[イ]のほうが[C]であると言える。
[ア]は、[1]（な）ため、[A]である。
しかし、[イ]は、[2]（な）ため、[B]である。


つまり、基本の型の3文めを、最初に書いてしまうということです。

先に挙げた題材リストから「マンガ／小説」を用いた場合の文例を紹介します。


マンガよりも小説のほうが、作り手の技術が求められると思う。

マンガは、主に絵で伝えるため、自分の伝えたいイメージをありのままに表現することが容易だ。

しかし、小説は、主に言葉で伝えるため、自分の伝えたいイメージをありのままに表現することは容易ではない。


終わり方として、やや安定感が不足している印象はあります。

そこで、「絵を描くのも難しいことだが、文章を書くのはもっと難しいのである。」などといった補足的な1文をつけ加えられれば、それに越したことはありません。

とはいえ、これは「結論↓理由」という一般的パターンであり、その形式は成立しています。

初歩段階では、欲張らずに3文で終えてよいでしょう。

◆細かな表現は少しずつ身につければいい

さて、この章もそろそろ終わりです。

もしかすると、それぞれの文例を読みながら、こんなふうに感じている方もいらっしゃるかもしれません。

「うちの子には、こんな上等な表現は使えないだろうな」

たとえば、今挙げたマンガと小説に関する文例でも、「作り手」「技術」「求められる」「主に」「イメージ」「ありのままに」「容易だ」などといった言葉の1つひとつが、わが息子、わが娘の頭の引き出しに入っているかどうか、あるいは引き出せるかどうかと言われれば、まったく自信がない――そんな感想をお持ちなのではないでしょうか。

よく分かります。

なにしろ私自身、日々の授業でそれを実感しています。

そう簡単に、優れた表現が出てくるものではありません。

先の例で言えば、多くの子は次のような表現レベルで書いてきます。


マンガよりも小説のほうが、作るのが大変だと思う。

マンガは、絵だから、思っていることを表現しやすい。

しかし、小説は、文だから、思っていることを表現しにくい。


たしかに、先の文例にくらべると幼い表現です。

しかし、言いたいことは伝わってきます。

まずは、そのことを評価しましょう。

細かな表現については、少しずつ要求していくことです。

「大変だ」じゃなくて「表現力が必要だ」とか「技術が求められる」とか、そういう言い方にしてみたら？　「絵だから」じゃなくて「絵で伝えるから」のほうがいいんじゃない？

――といったアドバイスを、欲張らず少しずつ与えていけばよいでしょう。

何度も書いていくうちに、そうやって学んだ言葉を、自分から使えるようになっていくはずです。

第4章

200字が書ければ、400字も800字もラクに書ける！

——作文・読書感想文

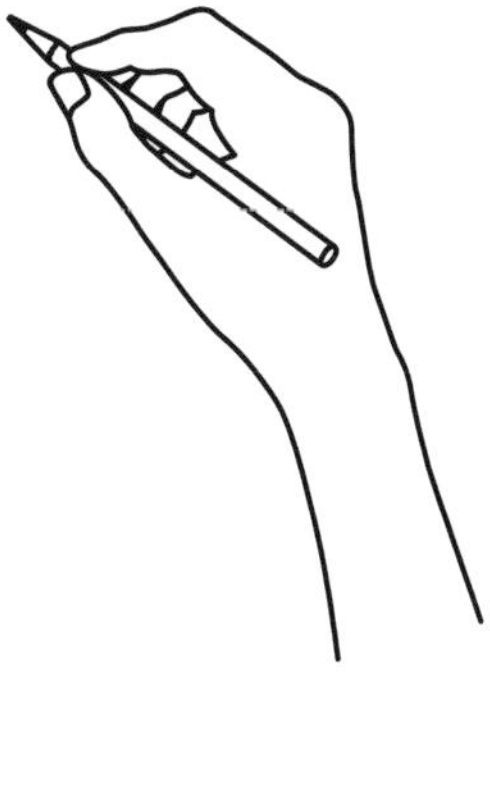

THE Fukushima Method

01 まずは「型」に沿って骨組みを作る――作文

◆「量」は書ける子どもでも「質」となると……

第3章では、生じがちなミス・間違いを修正する方法および「ふくしま式200字メソッド」を応用して文章を膨らませていく方法について、述べてきました。

この第4章では、それらの技術を踏まえ、さらなる高みを目指します。

すなわち、400字、800字といった長文を書いていきます。

しかし、400字、800字という数は実際のところ、たいした文字数ではありません。

というのも、学校などでは、400字詰め原稿用紙1、2枚といった分量の作文を課されることは珍しくないからです。

その意味で、その「量」に対する抵抗感は実のところさほどではないという子も、けっこういるはずです。

では、**「質」**はどうでしょうか？

こと「質」となると、漠然たる自信か漠然たる不安しか、浮かばないはずです。

自分が書いている文章の質の良し悪しは、正直なところよく分からない——。

そういう子たちには、共通点があります。

それは、判断基準を持たないということです。

これまでは、あなたも、お子さんも、その判断基準を持っていなかったことでしょう。

しかし、第3章までを実践してきた今は、その基準があります。

200字メソッドに沿っているかどうか。これが基準です。

この基準さえ持っていれば、400字、800字はもちろん、1200字、あるいは2000字でさえ、問題なくクリアしていけるでしょう。

◆作文、読書感想文を書く上で最も大切なこと

さて、ここからは、いわゆる作文の領域に話を広げていきます。

もちろん、ここまでの例もすべて「作文」ではあります。

「文章を作ること」、あるいは「作られた文章」という、広い意味においては。

しかし、世間で作文と言えば、遠足や運動会、修学旅行等のイベントの後に学校から課されるような自由度の高い文章を思い浮かべますよね。

もちろん、読書感想文や日記なども、含まれます。

そういった、いわば**「どう書いてもよさそうな文章」**にさえも、「ふくしま式200字メソッド」は活用できるのです。

ここではそれらの代表として、遠足後の作文と読書感想文について例を挙げ、説明していきます。


遠足について書くにしても本について書くにしても、忘れてはならない大切なことが1つあります。

それは、観点についてです。

物理的観点で書かず、心理的観点で書くのです（97ページ参照）。

◆心情の「変化」に注目しよう

遠足における物理的観点とは、次のようなものです。

●いつ行ったか ●どこへ行ったか ●何をして遊んだか
●何を見たか ●何を食べたか

こういった「目に見えるモノゴト」をただ単に羅列するだけの〝活動記録報告書〟のような文章にしてはいけません。

意識すべきは、次のような観点です。

●人間関係が、どう変化したか(あるいはしなかったか)
●気持ち(心情)が、どう変化したか(あるいはしなかったか)
●ものの考え方が、どう変化したか(あるいはしなかったか)

こういった**「目に見えない精神」**の動きに注目します。

遠足に行く前と後で、何か心情が変わった部分はないかな――こういう目線で、書くべき内容を考えます。
すると、たとえば、次のような骨組みが浮かんできます。

初めのうちは、これまでリョウ君と話したことが少なかったから、同じ班で行動するのが不安で、いやだなあと思っていた。
でも、遠足が終わってみると、リョウ君とたくさん話ができたおかげで、同じ班でよかった、楽しかったと思えた。

これは、200字メソッドの2文めまでの型を利用して書いたものです。
例によって、各文を／で区切って、対比関係をパーツごとにチェックしてみましょう。

ア 初めのうちは ⇔ **イ** 終わってみると （時間の観点）
1 話したことが少なかった ⇔ **2** たくさん話ができた （量の観点）
A 不安で ⇔ **B** よかった （不安・安心の観点）
A いやだなあ ⇔ **B** 楽しかった （苦・楽の観点）

まずは、型を意識しつつ、ここまでの骨組みを作ります(実際に書きます)。

そして、結論を考えます。

たとえば、次のようなものになるでしょう。

> これからは、遠足の場だけでなく毎日の教室の中でも、あまり話したことのない人に声をかけてみたい。

「だから」をあえて外しました。

これでも、「遠足の経験をもとにして導き出した結論」として、十分に通じます。

先にも述べたように、「だから」という言葉は強引な印象を与えやすいため、不要であれば外してしまってもかまいません。

ところで、この結論。

読んでいて違和感はありませんが、実は、「アよりもイのほうがCである」という型どおりの対比にはなっていません。

もし「アよりもイのほうがCである」にそのままあてはめると、たとえば次のようになるでしょう。

「（だから）初めのうちよりも終わってからのほうが、明るい気持ちになった。」

これでは、2文めの「よかった、楽しかった」と似てしまい、あえて結論づける意味が薄れます。

「ア・イ」に対する評価（良し悪しの判断）を、1文め・2文めの段階で既に行っている場合は、3文めであらためて評価し直す必要もないのです。

「昔はダメだった。しかし今はよくなった。だから今は」――と書いたところで、はたと手が止まってしまうときは、このパターンです。

その場合は、3文めの結論を、「アよりもイのほうがCである」という型から離れた内容にしてもかまわないでしょう。

それが、先の例です。

THE Fukushima Method

02 骨組みに肉づけをして分量を増やす――作文

◆「型」があるから内容がブレない!

さて、ここまでは骨組みです。

まだ400字以上には程遠いですから、肉づけが必要です。

> 初めのうちは、これまでリョウ君と話したことが少なかったから、同じ班で行動するのが不安で、いやだなあと思っていた。

まずは、これを具体化していきます。

肉づけというより、この文をバラバラにして描写していくといったほうが正しいでしょう。

たとえば、次のようになります。

バスの座席は決められていた。となりは、リョウ君。今年になって初めて同じクラスになった。ちょっとケンカが強そうな感じで、言葉づかいもよくないので、これまであまり話したことがなかった。

今回の遠足では、そんなリョウ君と同じ班。しかも、行きも帰りも、バスの席がとなり。

みんなが明日の遠足を楽しみにしていた昨日の帰り道から、ぼくはもう、暗い気分だった。

バスの中では、帰りは寝ちゃえばいいけど、行きはどうしたらいいだろう。当日の朝も、不安でいっぱいだった。

これで、200字を超えました。

具体化の内容については、実際のできごとや心情に左右されますから、多種多様になり得ます。

しかし、型があり、内容の大筋が決まっていますから、ブレません。

そこが何よりの強みです。

このような形で後半まで書き、さらに結論まで書くとどうなるのか。

その全体像を紹介します。

次のページをご覧ください。

この文章は、純粋に字数でカウントすれば約450字です。

改行を入れて考えれば、原稿用紙1枚半くらいになるでしょう。

200字メソッドによって最初に作った骨組みが、この文章とどのように合致しているかについては、図の下に示してあります。

なお、「ア・イ」「1・2」「A・B」「C」の位置は、必ずこのとおりでなければならないわけではありません。

その都度、自然な流れになるようにしていきます。

大切なのは、書き進める途中で何度も立ち止まり、読み返すことです。

自分が今、200字メソッドで作った骨組みのどの部分を書いているのか。これを意識しながら書いていくことが求められます。勢い余って、内容が骨組みを逸脱してしまうことがないよう、気をつけなければなりません。

バスの座席は決められていた。

となりは、リョウ君。今年になって初めて同じクラスになった。

ちょっとケンカが強そうな感じで、言葉づかいもよくないので、これまであまり話したことがなかった。

今回の遠足では、そんなリョウ君と同じ班。しかも、行きも帰りも、バスの席がとなり。

みんなが明日の遠足を楽しみにしていた昨日の帰り道から、ぼくはもう、暗い気分だった。

バスの中では、帰りは寝ちゃえばいいけど、行きはどうしたらいいだろう。当日の朝も、不安でいっぱいだった。

でも、実際に遠足が始まってみると、そん

1 これまでリョウ君と話したことが少なかった。

ア 初めのうちは

A 同じ班で行動するのが不安で、いやだなあと思っていた。

な気持ちはどこかへ消えてしまった。

　バスの中では、リョウ君のほうからいろいろ話しかけてきてくれた。

　好きなアニメが一緒だったこともわかって、話がもりあがった。

　目的地に着いて班行動をしているときも、ふだん仲の良い友達と変わらないくらい、普通に話すことができた。

　リョウ君と同じ班でよかった。楽しい遠足だった。友達が増えたような気がして、嬉しかった。

　これからは、遠足の場だけでなく毎日の教室の中でも、あまり話したことのない人に声をかけてみたい。

2 リョウ君とたくさん話ができた。

イ 遠足が終わってみると

B 同じ班でよかった、楽しかったと思えた。

C これからは、教室でもあまり話したことのない人に声をかけてみたい。

◆対比的心情変化が描けていれば合格

ここであらためて、骨組みの文章を読んでみましょう。

> 初めのうちは、これまでリョウ君と話したことが少なかったから、同じ班で行動するのが不安で、いやだなあと思っていた。
> でも、遠足が終わってみると、リョウ君とたくさん話ができたおかげで、同じ班でよかった、楽しかったと思えた。
> これからは、遠足の場だけでなく毎日の教室の中でも、あまり話したことのない人に声をかけてみたい。

約450字に膨らませた文章と、伝えたいことが一致していますね。

もちろん、骨組みをここまで膨らませるプロセスを、誰でもすぐクリアできるというわけではないでしょう。

第3章の最後で述べたような表現の選択力（語彙力）はもちろんのこと、主語（主題）・述語あるいは修飾語・被修飾語のつながりにおけるミス、はたまた漢字力など、いくつかの壁は生じてきます。

しかし、長文を書かせる場合は、細かなミスにはなるべく目をつぶりましょう。生まれて数年〜十数年しか生きていない子どもたちが、常に最適な言葉を選択し、常に文法を正しく駆使できるはずがありません。

〝豊かな表現〟などとなれば、なおのことです。

それよりも、骨太な対比構造によって心情変化を明確に書くことができているかどうか。

これだけをチェックし、それができているならば、まずはそこを認めてあげましょう。

２００字メソッドさえあれば、その対比構造を誰もが組み立てられるのです。

THE Fukushima Method

03 あらゆる物語文にあてはめられる万能の2ステップ ――読書感想文

◆物語文には一定の法則性がある

さて、ここからは「読書感想文」です。

読書感想文も、構造はまったく同じです。

つまり、**「対比的心情変化」**を文章化することになります。

物語文というものはズバリ、「主人公の心情変化」を描いた文章です。

ここで言う「心情」とは、人間関係や価値観なども含む、広義の精神性を意味します。

たとえば、「上下関係が対等関係に変わる」というような人間関係の変化、あるいは、「あるものごとを軽視していたのが、重視するように変わった」というような考え方・価値観の変化などをひっくるめて、広くとらえたものだと考えてください。

そして、それらの変化は、いつも対比的に描かれます。

それは、当然のことです。

曇りが晴れに変わった話よりも、雨が晴れに変わった話のほうが、読み手の感動は大きくなるからです。

60度、90度、120度といった中途半端な変化ではなく、180度の変化を描いてこそ、読み手は心を動かされます。

このように考えると、物語文とは対比的心情変化を描いたものであると言い切ってよいでしょう。

しかも、そこには一定の法則性があります。


それはすなわち、マイナスからプラスへの変化が描かれるということです。


悪から善、小から大、弱から強、古から新、愚から賢。

こういった変化成長こそが、物語文の骨組みとなります。

そこで、次の2ステップが、読書感想文を書く際の手順となります。

あらゆる物語文にあてはめることができる、万能性を持ったステップです。

〈読書感想文　万能の2ステップ〉

① 物語文に描かれた対比的心情変化を読み解き、整理して書く
② 自分自身が過去に経験した対比的心情変化を、物語と重ね合わせるように書く

このそれぞれを、200字メソッドによって書いていくわけです。

ところで、あらかじめ書いておきますが、この対比的変化は、原則としてその物語文の**「全体」**における変化です。

言いかえれば、物語の冒頭から結末までの全体を大きく前後半に分けたときの変化です。

ただし、長編になればなるほど、その中にさらに小さな枠組みでの対比的変化が含まれるようになります。


小イベントごとに変化を描き、その変化を積み重ねることで大きな変化を描く。

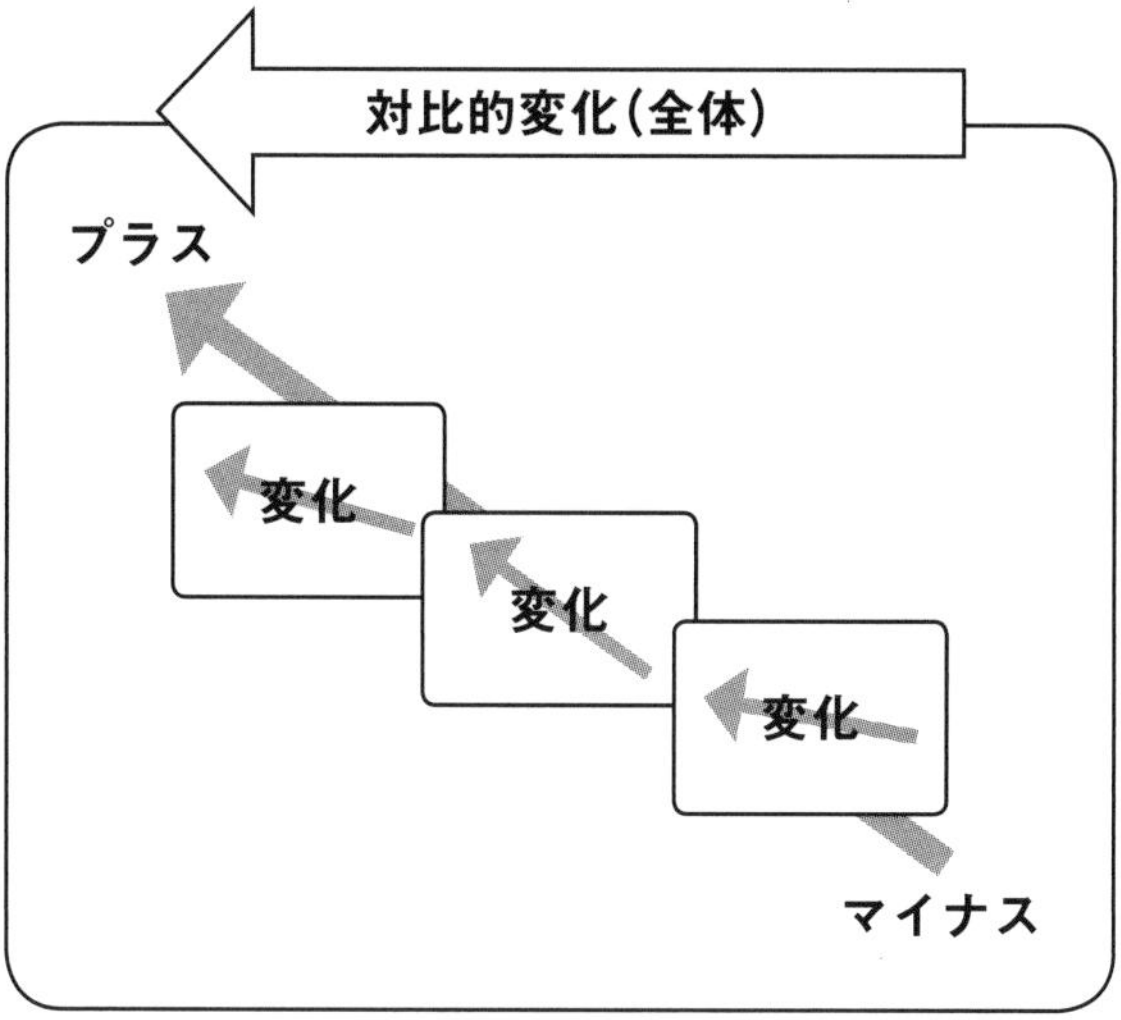

これが、長編物語のパターンです。

この場合、小イベントに描かれる変化は、傾きが小さくなることがあります。

「雨から晴れ」ではなく、「雨から曇り」といった変化になるということです。

また、上図にはありませんが、逆にプラスからマイナスへの部分的変化が組み込まれることも当然あります。そのほうが、次にあらためてプラスへと転じたときの感動が増すからです。いったん主人公を悲しませておき、その後で喜ばせるようなケースです。

このあたりも踏まえて、変化をとらえていく必要があります。

通常は物語全体の変化をとらえるべきですが、あまりに長編の場合は、部分的な変化をとらえて書くという選択も、あってよいでしょう。

THE Fukushima Method

04 【ステップ①】対比的な心情変化を読み解き、整理して書く

◆つねに「反対語」を意識して読もう

さて、実際の物語をもとに、ステップ①の考え方を確認していきましょう。本文を引用しなくても多くの方に伝わるよう、有名な作品を題材にします。複数の小学校教科書に掲載されている、『モチモチの木』（斎藤隆介・作）です。この物語の対比的変化をズバリ単語レベルで要約すれば、こうなります。

A ➡ B
臆病 ➡ 勇敢（勇気）

主人公・豆太のこういった心情変化を描いた物語が、『モチモチの木』であるというわけです。

そして、これが、２００字メソッドの１文め・２文めの述語（Ａ・Ｂ）になります。

対比的心情変化の核となる部分です。

これらの言葉を抽出するのは、簡単な場合もあれば、やや難しい場合もあります。

とはいえ、あらゆる文章には対比構造が隠されているわけですから、見つけられないということはありません。

ポイントは、**「いつも反対語を意識しながら読む」**ということです。

〈マイナス		**プラス〉**
あせり	⬇	落ち着き
疑う	⬇	信じる
不満	⬇	満足
不安	⬇	安心
臆病	⬇	勇敢
軽蔑	⬇	尊敬
恥ずかしい	⬇	誇らしい
失望	⬇	希望

劣等感 ⬇ 優越感
疎遠な感じ ⬇ 親近感

『ふくしま式「国語の読解問題」に強くなる問題集〔小学生版〕』（大和出版）をもとに作成

こういった、心情に関わる反対語をいつも意識しながら読むことで、物語文の中に描かれた対比的心情変化を見つけだすことが可能になるのです。

◆基本的な骨組みは作文と同じ

さて、話を『モチモチの木』に戻します。

「A・B」が見つかったら、次は「ア・イ」を考えます。

多くの場合、次のように、時間経過を軸にすればよいでしょう。

ア……初め（の豆太）
イ……後（の豆太）

ここまでで既にお気づきのことと思います。

そう、先に述べた遠足作文の書き方と、なんら変わらないということです。

それもそのはず。

遠足について作文を書くというのは、自分が主人公となり遠足という舞台でどう心情変化したのかを描くことにほかならないのです。

ここまでで、文章の骨組みの最も太い部分ができました。

[ア]は[A]である。 **しかし、[イ]は[B]である。**

初めの豆太は、臆病だった。 しかし、後の豆太は、勇敢になった。

次に、「1・2」を考えます。

たとえば、次のようになるでしょう。

1……やさしいじさまに守られて生活していた

2……じさまを逆に守らなければならない立場を経験した

「1」は、物語の描写を読めば、比較的簡単に書けます。

しかし、「2」は、やや難しくなります。

物語では、じさま（おじいさん）が夜中にひどい腹痛を起こします。二人暮らしのため、豆太は、自分自身で行動せざるを得なくなります。勇気を奮い起こし、真夜中の冷たい夜道をはだしで駆け下りて、ふもとの医者さまを呼びに行くことになります。

これをどうとらえるかです。

いつも**「対比」**が頭にあれば、次のような考えに至ることができるはずです。

「今までは、じさまが守ってくれていた。しかし、このときは、じさまに守ってもらえなかった。それどころか、むしろ、じさまを守ってあげる立場になった」

さらに単純化すれば、こうなります。

守られる立場　⟷　守る立場

このような対比関係に目が向けば、先の「2」のような文を書けるでしょう。
このように、対比関係を妥協なく追究していくことが、読み解くということなのです。
さあ、ここまでで、基本的なパーツが揃いました。
つなげてみましょう。

ア は 1 なため、A である。
しかし、イ は 2 なため、B である。

初めの豆太は、やさしいじさまに守られて生活していたため、臆病だった。
しかし、後の豆太は、そんなじさまを逆に守らなければならない立場を経験したため、勇敢になった。

残るパーツは、「C」だけです。
しかし、今回は、ここで文章が終わるわけではありません。
これはあくまでも、ステップ①の段階です。
そこで、「C」はあえてカットし、ステップ②に進むことにします。

THE Fukushima Method

05 「ステップ②」自分が経験した対比的心情変化を、物語と重ね合わせて書く

◆取り上げるのは身近な話で十分

ステップ①は、いわば**「他者に沿う文章」**です。
物語に沿って考える。
すなわち、作者という他者の言葉に沿って考える。
ここまでがステップ①です。
ここからは、いわば**「自己に沿う文章」**です。
自分の体験に沿って考える。
すなわち、書き手である自己の言葉で考える。
これが、ステップ②です。

このような明確な区別を意識して書くことで、揺らぎのない文章に仕上げていくことができます。

さて、「臆病→勇敢（勇気）」という変化の体験が過去になかったか、お子さんにたずねてみましょう。

こういった心情変化は、誰にでも必ずあるはずです。

「臆病→勇敢（勇気）」という例に限らず、物語に描かれる心情変化は、そのほとんどが、多くの読者が体験済みの変化だと言ってよいでしょう。

なにしろ、そうでなければ読者に共感を呼び起こすことはできません。

作者は、「ほら、こういう気持ち、感じたことあるでしょう？」という意図で、物語を描いていくわけです。

さて、ステップ②の具体例を示しましょう。

［ア］は、［1］なため、［A］である。
しかし、［イ］は［2］なため、［B］である。

母が仕事を始める前は、いつも母が何でもやってくれていたので、チャイムが鳴ったときにドアを開けるのも、家にかかってきた電話に出ることも、気が引けてしまって、私にはできなかった。
でも、母が仕事を始めた頃から、留守番中は自分でやるしかなくなったので、ちょっと勇気を出して、そういったことを一人でできるようになった。

いかがでしょうか。こんな身近な話で十分です。

豆太の変化成長の物語を読み、そういえば自分にもこういうことがあったのを思い出した――これだけで、感想文というのは成立します。

ただし、今度は、「C」を忘れてはいけません。

遠足作文の際に述べたように、必ずしも「ア・イ」「1・2」「A・B」に直結した結論にすることはありません。

たとえば、次のような結論になるでしょう。

やっぱり、やらなきゃいけないときになれば私もやれるんだな、と思う。
次は、「やらなきゃいけない」わけでもないときに、やれるようになりたい。

感想文の結論部分には、「未来に向かう言葉」がほしいところです。

ただし、背伸びした理想を描く必要はありません。近い未来に実現できそうなことを考えるとよいでしょう。

◆強固な骨組みがあるから、いくらでも書ける!

さあ、これで、万能の2ステップを達成しました。

感想文の骨組みが、でき上がったわけです。

あとは、先の遠足作文のときと同様、具体例を取り入れながら、文章を膨らませていくことになります。

800字超の完成形を、次のページに例示しておきましょう。

これで、約850字です。段落分けをしていますので、原稿用紙2枚半ほどになっています。

下段に示した骨組みと、上段の全文とを見くらべてみてください。

重要なのは「骨組み」であり「型」であるということを、あらためて実感していただけるのではないでしょうか。

初めの豆太は、やさしいじさまに守られて生活していたため、臆病だった。

父もおらず、とうげの小屋で自分とたった二人で暮らしている豆太を、じさまはかわいそうに思い、かわいがって育てていた。

そんなふうに生活していた豆太は、夜中には、じさまについて行ってもらわないと一人では便所にも行けないほどだったし、夜のモチモチの木は、豆太にはまるでお化けのように見えた。

しかし、後の豆太は、そんなじさまを逆に守らなければならない立場を経験したため、勇敢になった。

① 物語文に描かれた対比的心情変化を読み解き、整理して書く

アは**1**なため、**A**である。
初めの豆太は、やさしいじさまに守られて生活していたため、臆病だった。

じさまが夜中にひどい腹痛になり、豆太は、じさまに頼るわけにもいかなくなった。そこで、勇気を奮い起こし、真夜中の冷たい夜道をはだしで駆け下りて、ふもとの医者さまをたった一人で呼びに行くことになったわけだ。

豆太のこんな成長のお話を読んで、私は、そういえば自分にも似たような体験があったなあ、と思い出した。

母が仕事を始める前は、いつも母が何でもやってくれていた。

チャイムが鳴ったときにドアを開けるのも、家にかかってきた電話に出ることも、気が引けてしまって、私にはできなかった。ドアの

しかし、
イ は 2 なため、 B である。
しかし、後の豆太は、そんなじさまを逆に守らなければならない立場を経験したため、勇敢になった。

② 自分自身が過去に経験した対比的心情変化を、物語と重ね合わせるように書く

前にこわい人が立っていたらどうしよう。電話の向こうからこわい声が聞こえてきたらどうしよう。どう返事していいかわからない話をされたらどうしよう。そんなふうにいつも不安でこわかったので、お母さんをたよりにしていた。

でも、母が仕事を始めた頃からは、留守番中は自分でやるしかなくなった。

チャイムが鳴れば自分で出るしかないし、電話も同じだった。

そんなふうに生活しているうちに、いつの間にか、ちょっと勇気を出して、そういうことを一人でできるようになった。

ア は 1 なため、 A である。

母が仕事を始める前は、いつも母が何でもやってくれていたので、チャイムが鳴ったときにドアを開けるのも、家にかかってきた電話に出ることも、気が引けてしまって、私にはできなかった。

しかし、イ は 2 なため、 B である。

でも、母が仕事を始めた頃から、留守番中は自分でやるしかなくなったので、ちょっと勇気を出して、そういったことを一人でできるようになった。

やっぱり、やらなきゃいけないときになれば私もやれるんだな、と思う。

　これからも、いろいろなことがこわくなって、臆病になったりするだろうけど、きっと、何かをきっかけに乗り越えていけるんだと思う。

　そのきっかけを作るのが、母ではなく自分になれば、もっといい。「やらなきゃいけない」わけでもないときに、自分自身で勇気を奮い起こして、乗り越えられるようになりたい。

だから、C である。

やっぱり、やらなきゃいけないときになれば私もやれるんだな、と思う。

次は、「やらなきゃいけない」わけでもないときに、やれるようになりたい。

THE Fukushima Method

06 もう、あらすじだけの読書感想文からは卒業しよう

◆主役はあくまでも2つめのステップ

最後に1つ、補足しておきます。

それは、「ふくしま式200字メソッド（そして、万能の2ステップ）」を使って書くことによって、読書感想文にありがちな問題点――**「あらすじ9割、感想1割」というパターンに陥ること**――を、一挙に解決できるということです。

多くの子は、実際に感想文を書くとき、本を手元に置きページを順にめくりながら、鉛筆を動かしていきます。

その結果、だらだらだらだらとどこまでも続くあらすじだけの文章が、でき上がるのです。

実際は、あらすじにすらなっていない、無秩序な抜き書き作文とでも呼ぶしかないような〝作品〟になります。

しかし、200字メソッドを使うとなると、まずやらなければならないのは、**「全体をとらえる」**ことです（ステップ①）。

そのとき、ページを順にめくるという作業は必然的に減ります。

むしろ、本を見直すのではなく、頭の中を見直すことになります。

「さて、物語を読み終えたぞ。主人公は、どんなふうに変化を遂げたのだろうか」

このように自問し、それに自答することで、骨組みができ上がっていきます。

こうすることで、正確な、本当の意味での「あらすじ」が生まれます。

あらすじは、まったく不要なのではありません。

感想文の読み手（先生など）は、多くの場合、物語の内容を知らないわけですから、それをある程度紹介する必要はあります。

ただし、それは、何よりもステップ②のためです。

自己の体験や考え方を紹介するための前提として、あらすじ（ステップ①）を書くのです。

ですから、読書感想文においてはいつでもステップ②が主であり、ステップ①は従となります。

すなわち、「自己に沿うこと」が主で、「他者に沿うこと」は従となるわけです。

このような基盤に立てば、あらすじだらけの感想文になることは必然的に防げます。

◆まず読むべきは物語文か？ 論説文か？

ところで、私は実は、読書感想文に対しては否定的立場をとっています。

読書感想文というのは、課題が高度すぎるのです。

なにしろ、まず「読解」し（他者の言葉を受信し）、その上で「主張」する（自己の言葉を発信する）という、二重構造になっているからです。

まさに、先ほどから述べている「2ステップ」です。

しかも、その読解の対象は、物語文（文学的文章）です。

文学的文章は、抽象的な主張（作者のメッセージあるいはテーマ）を、具体的な描写によって（オブラートに包んで）表現しているため、その論理構造は不明確で、読み解くのが難しいのです。

その点、論説文（説明的文章）は、抽象的な主張を抽象的な表現で明確に述べるものであるため、論理構造が明確になりやすく、読み解きやすいわけです。

そうであるならば、まず読むべきは論説文であり、書くべきはその論説文の要約です。物語文を読み解き、そこに主張を加えていくという高度な課題は、後回しにすべきなのです。

にもかかわらず、あえてこの第4章で解説することにしたのは、実際に学校等でそういった高度な課題を要求されている子どもたちに役立つ情報を、早く提供したかったからです。

さて、そういうわけで、第5章は論説文の読解です。

ただし、この本は「書く力」を伸ばす本ですから、その中で、**「小論文（長い意見文）」**の書き方にも触れていきます。

本来、読書感想文よりも簡単な課題です。

安心して、次へ進んでください。

第5章

200字が書ければ、400字も800字もラクに書ける！

——記述式問題・小論文

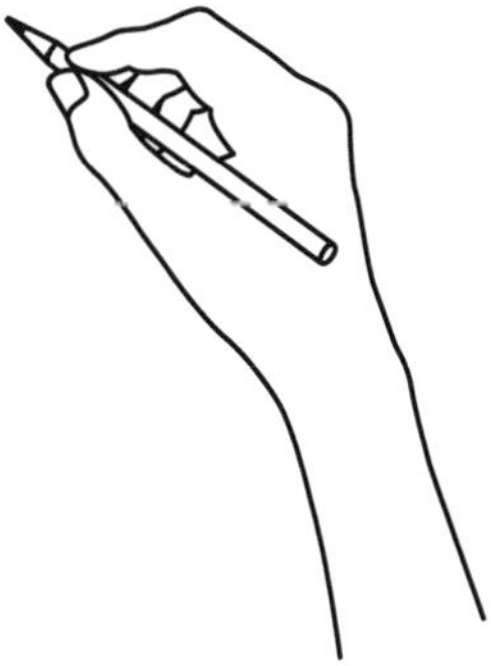

THE Fukushima Method

01 「ふくしま式200字メソッド」を使えばスラスラ解ける！——記述式問題

◆やるべき手順はいたってシンプル

第4章の後半では、物語文（文学的文章）の対比構造をとらえ、それを読書感想文の骨組みにしていく方法について述べました。

この第5章は、その論説文（説明的文章）バージョンです。

やるべきことは、同じです。

まず他者に沿い、次に自己に沿う。

この手順も、同じです。

まず、いわゆる文章読解問題の記述式答案、とくに答えが1つに定まっている記述式答案の作り方について述べます。

他者の言葉を整理する段階です。168ページのステップ①と同じです。

次に、与えられた課題文を前提としながらも、その文章を離れ自己の主張を展開する（答えが多様になり得る）、記述式答案の作り方を説明します。

自己の言葉を整理する段階です。先のステップ②と同じです。

後者は、**「小論文」**と呼んでもよいでしょう。

実は、この2段階構成は、慶應義塾大学入試問題の典型的パターンです。

慶應義塾大学の入試には、「国語」の試験がありません。

代わりに、「小論文」があります。

ただし、最初から自由に書かせるのではなく、まずは課題文を読ませ、その内容を正しくつかめたかどうか、数百字で記述させます。

次に、その内容を踏まえての受験生自身の考えを、これも数百字で述べさせます。

学部によって出題傾向や字数は多少変わりますが、おおむねこのような骨組みになっています。

◆一見、難しい問題に見えるけれど……

さて、さっそく実例から。

日本人は謝るのが好きだ。何かにつけてすぐ謝る。

店員を呼ぶにも「すみません」。電車内で空いた座席に座るときにも、隣の人に「すみません」が口ぐせだ。

手伝ってもらったときにも、「ありがとう」の代わりに「すみません」。

いったい私たちは、どんな思いで「謝って」いるのだろうか。

謝るのは、相手の気持ちを害さないようにするため。要するに相手のため――謝る本人も、きっとそう思っているに違いない。しかし、実際には、「自分のため」に謝っていることのほうが多いのではないか。

自分を下におき、相手を高めることで、責められないように、あるいは嫌われないようにしているのだろう。

そもそも、「ごめんなさい」は「ご免なさい」と書く。「免」には、「ゆるす」という意味がある。そして、「ゆるす」は「ゆるくする」が原義だ。要するに、「ごめんなさい」というのは、「私をゆるめてください」「私をラクにしてください」ということなのだ。つまりは、「自分のため」の言葉である。

自分にたいした非もないのに、「すみません」や「ごめんなさい」を連発していると、「この人は早くラクになりたいだけなのでは」と、相手に不信感を与えてしまうことになりかねない。

ともあれ、謝りすぎには要注意だ。

〈問い〉

——部「相手に不信感を与えてしまう」とありますが、なぜそう言えるのですか。それを説明した次の文の空欄に入る内容を、筆者の考えに即して、80字以内で書きなさい。

「謝る」という行為は、［　　　　（80字以内）　　　　］だから。

問いを除く本文のみ、『ふくしま式「国語の読解問題」に強くなる問題集〔小学生版〕』（大和出版）から引用

こういった記述式問題で苦戦している子どもたちは、数えきれないほどいます。

考え方を説明しろと言われても、どう説明すればいいのか見当もつかないのです。

読書感想文を書けと言われてもどう書けばいいのか見当もつかず、とりあえず文章を適当にピックアップして「あらすじ」らしき文章を書いてしまうのと同じで、とりあえず80

字が埋まるまで適当に文を引用して書いてしまうというのが、よくあるパターンでしょう。

しかし、ここまでのトレーニングを積んできた子なら、まず**「型」**が頭に浮かぶはずです。

この文章も、「ふくしま式200字メソッド」が使えるのではないか——そう考えるはずです。

そう、使えるのです。

まずは、〈問い〉を離れて、この文章を200字メソッドで要約してみましょう。

次のようになるはずです。

> 常識では、「謝る」という行為は、相手の気持ちを害さないようにするための行為であり、つまりは相手のための行為だと思われている。
> しかし、実際には、「謝る」という行為は、自分が責められたり嫌われたりするのを避けるための行為であり、つまりは自分のための行為だと言えるのではないか。
> だから、謝りすぎると相手に不信感を与えることになる。要注意だ。

パーツごとに整理すると、次のようになります（文中の一部表現は言いかえています）。

記号は、200字メソッドの基本形に対応しています。

ア　常識的な「謝る」　⇕　**イ**　実際の「謝る」

1　相手の気持ちを害さない　⇕　**2**　自分の気持ちを害さない

A　相手のための行為　⇕　**B**　自分のための行為

C　謝りすぎると不信感を与えるから要注意

右の要約文では、「1なためAである」の部分を、「1であり、つまりはAである」といった書き方に変えています。

1とAの内容が、原因と結果の関係（因果関係）というよりは、言いかえの関係（同等関係）に近いためです。

なお、「C」は、157ページで述べたパターンに似て、直接「ア・イ」をくらべるのではなく、2文めまでを踏まえて言える新たな結論、といった内容になっています。

さらに、「ア・イ」はほとんど共通したテーマであるため、両方とも「ア」としてとらえておき、「1・2」に近い位置で「常識的には～」「実際には～」と対比的に補足していく形でも書けます。

いずれも、題材文に応じて型を崩した例です。

これらを型に表すと、次のようになります。


［ア］は常識的には［1］であり、つまり［A］である。

しかし、［ア］は実際には［2］であり、つまり［B］なのではないか。

だから、［C］であると言えるはずだ。


これも、1つの応用パターンです。

覚えておくとよいでしょう。

◆時間がないときには、ここに注目

ただし、もちろん、ここまで正確に型どおりの全文要約をしなくても、必要な箇所を大まかにつかむことさえできれば、問いに答えること自体は可能です。

実際の試験等の場では、200字メソッドのままの形で文章化する時間的余裕はありません。

ですから、型を頭に描きながらも、その中の答えとなる部分だけを指定字数以内のコンパクトな文にするよう、整理していく必要があります。

この問いの場合、「Cである（謝りすぎると不信感を与える）」ことの根拠を問われているわけですから、型の2文めまでを整理すればよいわけです。

ただし、主語（主題）である「ア」の内容（「謝る」という行為）は、既に〈問い〉の中で与えられていますから、省略できます。

要するに、「1・A」「2・B」をつなげばよいだけです。

その結果、次のようになります。

> 相手の気持ちを害さないようにするための行為、つまり相手のための行為ではなく、自分が責められたり嫌われたりするのを避けるための行為、つまり自分のための行為

もし指定字数が20字程度であれば、「A・B」だけつないで、次のようにします。

「相手のための行為ではなく自分のための行為」

このように、「1・2」まで入れるのか、「A・B」だけにするのかといったあたりの判断は、指定字数に応じて考えていくことになります。

◆とにかく「型」を思い浮かべる――それが近道

うちの子が、ここまでスムーズに答案を書けるとは思えない――そんな言葉も、聞こえてきそうです。

たしかに、起こり得るミスがないわけではありません。

たとえば、「すみません」をめぐる具体例の部分や、「ゆるくする」をめぐる具体的解説の部分など、〈具体〉の内容を型にあてはめてしまうケースが考えられます。

この場合は、次のことを覚えておく必要があります。

すなわち、「読解問題の約8割は、抽象化させる問題である」。

「具体的に述べなさい」などという特段の指示がない限り、それは抽象化問題です。具体的な内容を答えに入れてはいけません（そうは言っても具体と抽象の区別がつくかどうか……という方は、第6章を参照してください）。

このあたりに注意してさえいれば、あとは型の力が解決してくれます。

そもそも、あらゆる記述式答案の採点は、パーツごとに行われます。

この言葉・この内容が入っていれば5点、さらにこの言葉・この内容が入っていれば7点、などというような配点になっているのです。

200字メソッドを使えば、必然的にパーツを意識することになるため、思わぬ失点を防ぐことができます。

私は日頃、生徒たちにこう伝えています。

記述式答案を作る際は、とにかくまず「型」を思い浮かべよ。型がイメージできるまでは、書き出すな――と。

60字、80字、100字、あるいは150字、200字と、字数が増えていけばいくほど、型を意識する重要性は増します。

型を意識せずに書いた答案は、どんなに時間をかけて解いたとしても0点に終わるということが多々あります。こんなに頑張って消したり書いたりしたのに、すげなく大きなバツがつけられてしまった――その悲しさは、子どもも親も、体験済みでしょう。

そうならないようにするには、とにかく、**「まず文章の全体像を思い描く」**ことです。

そして、その究極の全体像が、「ふくしま式200字メソッド」なのです。

THE Fukushima Method

02 自分の意見・主張を入れた論理的な文章をどう書くか？──小論文

◆さしあたっての字数の目安は８００字

ここからは **「小論文」** です。

この本は、主に小学生のお母さんお父さん、あるいは小・中学生の指導にあたる先生方を読者として想定しながら書いていますが、ここまでをお読みになってお分かりのとおり、実際のところ、小・中・高校生あるいは大学生やビジネスマンに至るまで、誰にとっても必ず役立つ内容になっています。

ですから、小論文の技術が特に求められる中高生の読者もいるものと想定し、この内容を書いておくことにしました。

さて、ひとくちに小論文と言っても、大きく2つのタイプがあります。

「テーマのみが与えられるタイプ」と、「課題文が与えられるタイプ」です。

前者は、たとえば、「少子化の課題と対策というテーマで、あなたの考えを述べなさい」などと出題されます。

一方、後者は、少子化について書かれた数千字程度の文章が与えられ、「文章を踏まえ、少子化の課題と対策について、あなたの考えを述べなさい」などと出題されます。

前者は、**「自己の考え」**を最初から展開することになります。

一方、後者は、**「他者の考え」**を受け止めてから、自己の考えを発信していかなければなりません。

どちらが易しくどちらが難しいかを一概に断ずることはできませんが、ここでは後者のタイプについて説明します。

後者のほうが、読書感想文で言うところの「あらすじ」になりやすい——つまり、筆者の主張をなぞって終わりになりやすいため、策が必要なのです。

なお、字数については、校種（高校・大学等）、学部、試験時間、問題数などによってまちまちですが、私の実感としては、まず８００字を書けるようにしておき、あとは要求に応じて増減できるようなトレーニングをしておくことが大切です。

高校入試では、あまり「小論文」という名前では呼ばれません。

どちらかと言うと「作文」です。

また、字数も、高校入試のほうが少ない傾向にあります（600字前後）。しかし、文章を書く以上は、読み手に通じる論理的な書き方をしなければなりませんし、それが自分をアピールする場である以上は、そこに自分の意見・主張を入れていかなければなりません。

これらは、作文と呼ぼうが小論文と呼ぼうが、変わらないことです。

◆まずは筆者の主張に対する立ち位置を決めよう

さて、ここでも、この章の初めに挙げた「謝ること」についての文章を利用していきます。

問いは、次のとおりです。

ただし、先の80字の記述設問はないものと考えます。つまり、題材文と次の設問のみで構成された小論文課題として、取り組んでください。

〈問い〉 この文章を読み、あなた自身は、「謝ること」についてどう考えましたか。
筆者の主張を踏まえつつ、８００字以内で書きなさい。

こういう問いに対しては、３つの立ち位置があります。

第１に、筆者の主張に賛成する立ち位置。
第２に、筆者の主張に反対する立ち位置。
第３に、筆者の主張に賛成も反対もしない、新たな立ち位置。

このそれぞれを概観したのち、その中の１つを取り上げ、「ふくしま式２００字メソッド」で骨組みを作り、８００字まで膨らませていくことにします。

さて、第１の立ち位置、つまり賛成の立場で書く場合、２つの手段が考えられます。

①　題材文と同じ観点で、似たような例（根拠）を自分自身で考え、それをもとにして賛成する。
②　題材文とは異なる観点で、新しい例（根拠）を自分自身で考え、それをもとにして賛成する。

①は、たとえば、文章中の次の箇所を生かします。

【店員を呼ぶにも「すみません」。電車内で空いた座席に座るときにも、隣の人に「すみません」。手伝ってもらったときにも、「ありがとう」の代わりに「すみません」。】

これに類する例は、たくさん思いつくでしょう。

これを挙げながら、「たしかに、相手のためというより、自分のためだったかもしれない」と、共感を示します。

ただしこの内容では、ほとんど筆者の主張をなぞるだけであり、あまり好ましい評価は望めません。

②は、たとえば、文章中の次の箇所を特に生かします。

【「ありがとう」の代わりに「すみません」。】

実際、「すみません」と言うよりも「ありがとう」と言ったほうが相手が喜んでくれるはずだ——といった主張とその実例を挙げながら、賛成していきます。

「すみません」は自分重視であり、「ありがとう」は相手重視であるという対比の骨組みで、あとは200字メソッドにあてはめながら書いていきます。

第2の立ち位置、つまり反対の立場で書く場合、うまくいけば高い評価を得られるでしょう。

ただし当然のことながら、筆者の主張に対抗しうるだけの根拠を探さなければなりません。その根拠も、第1の場合と同様、2つに分けられます。

①　題材文と同じ観点で、筆者の主張の弱点を突く。
②　題材文とは異なる新しい観点で、筆者とは逆の主張を根拠づけていく。

①は、たとえば、文章中の次の箇所を生かします。

【「私をゆるめてください」「私をラクにしてください」】

言葉の原義（もとの意味）をたどるのは大切なことだが、こういった「もともとの意味」が薄れた表現、あるいは、まったく反対の意味にまで変わってしまった表現は、たくさんある。たとえば、「貴様」は、もともとは相手を尊敬する言葉だったはずだが、今や相手を軽蔑する言葉になってしまっている。だから、もとの意味を知ったからと言って、現代における使われ方を説明できるとは限らない。「ごめんなさい」にしても同じではないか――などと展開していきます。

これを200字メソッドで書くときは、「もともとの意味が残っている言葉」と「もともとの意味が残っていない言葉」との対比、あるいは、「もともとの意味をたどる価値があるかないか」といった対比にするなどして、書いていきます。

①のパターンは、筆者の主張に〝隙〟が見つからないと難しいのですが、見つかればしめたものです。日本人は、こういった「真っ向勝負」（同じ観点で反論すること）が苦手ですから、その意味では読み手（採点者）へのアピールは大きいでしょう。

②も、新しい観点を見つけることができれば、高い評価を得られるでしょう。このパターンを使って８００字に膨らませていった場合の例を、後述します。

第3の立ち位置、つまり、筆者の主張に賛成も反対もせず新しい立場で書く場合、これは一種の冒険です。

その新しい立場・新しい観点が客観的かつ独創的であったならば読み手にアピールできますが、客観性・独自性が欠けていると、途端に価値の低い文章になってしまいます。なにしろ、賛成でも反対でもないというどっちつかずの立場ですから、賛成よりも反対よりも価値ある内容になっていなければならないのです。

その題材文に関して、よほどの知識やひらめきがない限り、この立ち位置で書くのは危険です。

THE Fukushima Method

03

「ふくしま式200字メソッド」の真価を存分に発揮!――小論文

◆「型」があれば長い文章でも安心!

さて、ひととおり概観したところで、第2の②のパターンの例を示していきます。
この場合、次のような型になるでしょう。

> 常識的には、[ア]は[A]である。
> ところが、筆者は、[ア]は[B]であると言う。
> たしかに、[ア]は[B]であるというのはある程度理解できる。
> というのも、[★]だからだ。
> しかし、やはり[ア]は[A]なのではないか。
> なぜなら、[☆]だからだ。
> そう考えると、[C]であると言えるだろう。

まずは、この型にあてはめる形で、文章の骨組みを作ります。

後で膨らませるわけですから、初めは短く短く書いていきます。


常識的には、「謝る」という行為は、相手のための行為である。

ところが、筆者はそれを、自分のための行為だと言う。

たしかに、謝ることが自分のためであるというのは、ある程度理解できる。

というのも、謝っておけば、自分が相手から責められる可能性は減り、自分が守られることになるからだ。

しかし、やはり、謝るのは最終的には相手のためなのではないか。


ここまでは、ほぼ問題なく書けるでしょう。
★の部分では、本文から外れない程度の内容で、「自分なりの理由」を加えます。
主張の核心となるのは、ここからです。

なぜなら、☆だからだ。

ここを、どう書くかです。

謝ることで相手が「得をする」のは、どんな場面だろうか――などと考えていきます。

そこで、逆説的に発想します。

――みんなが「自分のために」謝るのだとしたら、相手のほうも、実は「早く謝りたい」と思っているのかもしれない。そんな相手のためには、自分が先に謝るほうが親切だ。それこそが、互いを平穏な関係に戻すための最も早く確実な手段だ。

謝られると、謝りたくなる。

それが、和を好む日本人の振る舞いではないか――。

そんなことを文章化すればよいのではないでしょうか。

そして、最後の結論。

そう考えると、[C]であると言えるだろう。

ここは、たとえば次のような内容にします。

謝ることによって、相手は不信感を持たない。先に謝ってくれてありがとうと感謝するようにすら、なるのではないか。

ここまでを800字に膨らませていくと、たとえば次のようになります。段落冒頭の接続語が囲んであるのは、先の「型」との照合をしやすくするためです。

常識的には、「謝る」という行為は、相手の気持ちを害さないようにするための行為、つまり相手のための行為である。

ところが、筆者はそれを、自分が責められたり嫌われたりするのを避けるための行為、つまり自分のための行為だと言う。

たしかに、謝ることが自分のためであるというのは、ある程度理解できる。

というのも、謝っておけば、自分が相手から責められる可能性は減り、自分が守られることになるからだ。

タレントなどが何らかのスキャンダルを報じられた際、その報道を事実ではないと否定しながらも、「お騒がせして申し訳ありません」などと謝ることが多い。大衆が騒いでいる。とにかく鎮静化したい。自分は悪くないけど、まずは謝っておこう――こういう振る舞いが「自分のため」であることは、たしかに否定できない。

しかし、やはり、謝るという行為は、最終的には相手のためなのではないか。

筆者の言うようにみんなが「自分のために謝る」のだとしたら、相手のほうも、実は「早く謝りたい」「謝ることで自分をラクにしたい」と、同じように思っているかもしれない。でも、トラブルのせいで怒りを見せてしまった以上、簡単には引き下がれない。本当はもうたいして気にしていないのだし、謝ってしまいたい。でも、きっかけがない。

そこで、そんな心境にいる相手に、謝るきっかけを作ってあげる方法がある。それは、自分が先に謝るということだ。それこそが、互いを平穏な関係に戻すための、最も早く確実な手段だ。謝られると、謝りたくなる。ごめんね、と言えば、ごめんね、と返ってくる。それが日本人の気質であろう。

要するに、自分が先に謝るという行為は、相手に謝る機会を与えるという意味で、「相手のための行為」である。それだけではない。「互いのための行為」でもある。和を重んじる日本人にとっては、まっとうな行為である。

そう考えると、筆者の言う「不信感」など、相手には与えないはずだ。「先に謝ってくれてありがとう」と感謝するようにすら、なるのではないだろうか。

「なぜなら」という言葉は、使わなくてもかまいません。

「なぜなら〜だからだ」と、1文で端的に言い切れる場合には使えますが、そうでない場合は、読みづらくなります。その場合は、先の文章のように、「なぜなら」を省きます。

◆ワインとワイングラス、優先すべきはどちら？

さて、これで約830字です。

「こんな文章、そう簡単には書けない」と思った方もいるかもしれません。

たしかに、細かな表現技法の点では、ここまで書けるようになるには慣れが必要です。

しかし、型どおりに書きさえすれば、大きく崩れることなく、読み手に意味が届きやすい文章を書けるのです。この価値の大きさは、はかり知れません。

また、型があるおかげで、書きながら混乱してしまい投げ出したくなる、といったことも起こりません。型は、自分自身の頭の中を整理するための道具でもあるわけです。

その基盤の上で、書くべき内容の質を上げていきます。

そう、形式ではなく内容の部分です。

「型」が整っている以上、追求できるものが「内容」になっていくのは、必然です。

小論文ともなれば、内容の原動力になるのは、**「体験」**と**「知識」**です。

多くの体験を積んでいるということが、想像力の源になります。

今の「謝る」ことについての文章にしても、体験なくしては書けません。

また、「謝る」などという心理的なテーマならまだしも、もう少し専門的な内容になると、そこでは「知識」なくして質を向上させるのは難しいでしょう。

大学入試小論文、とくに法学部や医学部などになると、ある程度の知識がないと辛いレベルの題材文が課されることも多々あります。

むろん、型の力は、内容の質を大きく左右します。

しかし、その力は、体験や知識の枠を超えて作用することはありません。

私が言う「型」とは、同じ質のワイン（内容）があったとき、その質をいかんなく、ありのままのレベルで相手に届けることのできるワイングラス（形式）のことを意味します。

型を意識しない文章の場合、どんなに美味なるワインを持っていても――すなわち、どんなに個性的で味わい深い思想を持っていても――、相手に届ける前にワインの味の質は下がってしまいます。

ヒビの入ったワイングラス、あるいは、ワイングラスのつもりの湯飲み茶碗、といった程度の型しか持たずに、せっかくのワインを持て余している人が、大勢います。

逆に言えば、どんなに磨かれたワイングラスを持っていても、そこに入れるワインの質が低ければ、味わいには限度があるというものです。

では、ワインとワイングラス、どちらを優先すべきなのでしょうか。


答えは明白です。それはやはり、ワイングラスです。


なぜなら、ワイングラスを磨く方法は、真似できるからです。

一方、ワインを生み出す方法は、たとえそういう方法が明確に存在するとしても、簡単には真似できません。

ですから、まずはグラスを磨くことです。

その上で、ワインの質を高めるべく、体験と知識を積み上げていきましょう。

この第5章までで、「グラスを磨く方法」は、ひととおり紹介してきました。

次の第6章では、さらに「書く力」を万全なものにするために、論理的思考力の構造を詳しく解説していきます。

いよいよ大詰め。しっかりと読み進めていきましょう。

第6章

ここまで押さえれば、「書く力」は万全なものになる！

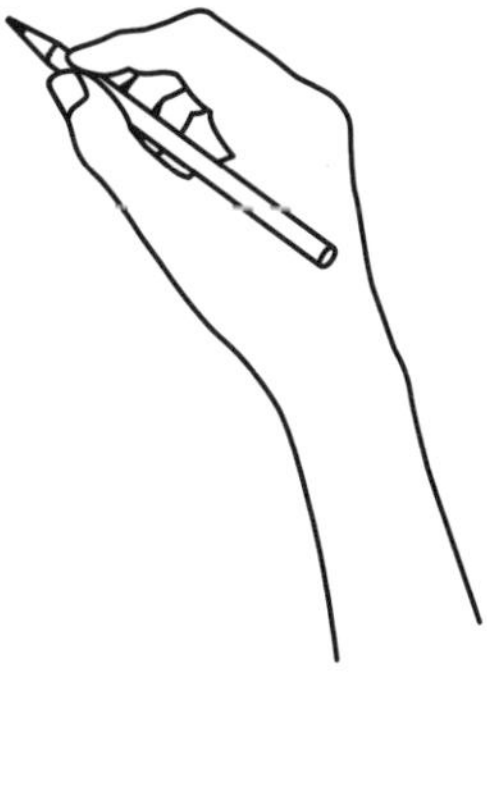

THE Fukushima Method

01 あらためて〝ふくしま式〟の「本当の強み」とは何か？

◆求められるのは「漏れがなく、ダブりのない」状態

ここからは、再び理論編です。

第2章から第5章の内容を実践し、書くことを繰り返していく中で、何らかの不明点、疑問点、あるいは迷いといったものが浮かんでくることがあるはずです。

この第6章では、その解決の糸口となるよう、原理・原則をより詳しく述べていきます。

このレベルまで押さえれば、「書く力」は盤石なものになります。

随時、第1章を振り返りながらお読みください。

さて、その第1章の中で私は、「中途半端な型では役に立たない」と述べました（57ページ参照）。

これは、「足りない内容のある、不十分な技術では役に立たない」という意味です。

しかし、どんなものごとでも、不足を補おうとすると逆にダブりが出てしまうことがあります。

そこで、不足もなくダブりもない状態が求められます。

「足りないものがなく、かつ、重なってしまっているものもない」状態のことを、**「ミッシー（MECE※）な状態」「漏れなく、ダブりなく」**などと表現します。という意味です。

※ Mutually Exclusive and Collectively Exhaustive の略

たとえば、

「ドッジボールに強くなるには、ボールをパスしたり投げたり捕ったりする練習が必要」といった言い方は、ミッシーではありません。

「パス」と「投げる」は、動作として似ており、ダブりがあります。

また、「よける」という要素が漏れて（不足して）います。

これを、「投げたり捕ったりよけたり」とすれば、ほぼミッシーになります。

実は、この「ミッシーであること」こそが、「ふくしま式」の強みなのです。

私は、ここまで随所で述べてきた「3つの力」が、論理的思考力のすべてであると考えています。

つまり、「漏れ」がないということです。

かつ、これら3つはそれぞれに独立した内容です。

つまり、「ダブり」がないということです。

この「ダブり」がないことについてはのちほど簡単に触れますが、基本的には第1章の62〜72ページをお読みいただければお分かりになるでしょう。

そこで、ここでは主に、「漏れ」がないと言える理由を整理しておきます。

ただし、なぜ漏れがないと言えるのか、なぜ「3つの力」が論理的思考力のすべてであると言えるのか——これを厳密に説明するには、哲学と数学の遠大な世界に足を踏み入れなければなりませんので、この本には向きません。

そこで、国語（日本語）という観点に絞って考えてみましょう。

◆なぜ、3つの力で万全だと言えるのか？

第1章で定義したように、論理的思考力とは**〝関係づける力〟**のことであり、いわば関係整理力です。

言語において、その「関係」を決定づけるのは、接続語です。

ですから、「3つの力（3つの関係）」と、日本語における接続語の一般的分類との対応を確認すれば、納得していただけるでしょう。

〈3つの関係〉	**〈対応する接続語〉**	**〈一般的分類〉**
同等関係……	つまり・要するに・このように・たとえば等……	同列
対比関係……	でも・しかし・だが・一方・それに対して等……	対比
因果関係……	だから・したがって・そのため・なぜなら等……	順接

日本の接続詞研究の論文を徹底的に整理・リストアップした本、『現代日本語接続詞研究―文献目録・概要及び研究概観―』（おうふう）では、接続詞（広く言うと接続語）を次の5つに分類しています。

すなわち、「順接」「逆接」「添加・対比等」「同列・補足等」「転換」の5つです。

このうち、「対応表」に示されていない4つについて、私は次のように考えています。

1つめ、**「逆接」**。

これは「しかし」「だが」などといった接続語で表される関係です。

正確には「対比」とは区別されるべきものです（詳しくは229ページ）。とはいえ、「しかし」に代表されるように両者の表現は重なることも多いため、私は、逆接関係の操作技術についても広い意味での「くらべる力」として扱っています。

2つめ、**「添加」**。

これは、「また」「あるいは」などといった接続語で表される関係です。

これについては、『ふくしま式「本当の国語力」が身につく問題集［小学生版］』および『ふくしま式「本当の国語力」が身につく問題集2［小学生版］』（ともに大和出版）の中で、「並列関係」として取り上げています。

ただし、結局のところ、文章の中で「また」や「あるいは」が使われるのは、具体例を列挙するときなのであり、これらの接続語の操作技術は、「言いかえる力」を学ぶ中でおのずと身につけることができるわけです。

例文を1つだけ示しておきましょう。

「様々な野菜を育てている。たとえば、大根、ニンジンなどの根菜類。また、トマト、キュウリなどの果菜類。あるいは、キャベツ、レタスなどの葉菜類」

といった文章において、「また」や「あるいは」は、実質的に「たとえば」とほとんど同様の意味を、読み手に届けていると言えますね。

なお、この例において、たとえば根菜と葉菜を対比的に例示することもできます。

「根を食べる野菜もあり、また、葉を食べる野菜もある」など。

この文では、根と葉が暗に対比されています。

こういう場合、意味上は、並列関係が対比関係に近づくわけであり、だからこそ、先述の研究書では、「添加・対比等」と分類しているのだと思われます。

3つめ、**「補足」**。

これは、「ただし」「なお」などといった接続語で表される関係です。

これについては、『ふくしま式「本当の国語力」が身につく問題集2［小学生版］』の中で、同じく「補足関係」として取り上げています。

これらの接続語は、文字どおり補足の働きにとどまるものであり、主役ではありません。

言いかえれば、文章の論理展開を支える骨組みとしての「関係」であるとは言えません。

ですから、論理的思考の主たる技術からは外しても差し支えないと私は考えます。

4つめの**「転換」**も、同様です。

これは、「さて」「ところで」などの接続語で表される関係です。

これらはいわば、関係を「切る」ための接続語ですから、「接続語であって接続語ではない」わけです。

そのため、これも、論理的思考の主たる技術から外してかまわないでしょう。

さて、このように見てくると、論理的関係の柱は**「同等関係」「対比関係」「因果関係」**の3つで十分である、漏れがない、ということが分かるはずです。

「しかし」や「また」のくだりを読みながらお気づきになった方もあろうかと思いますが、先の研究書のような、「順接」「逆接」「添加・対比等」「同列・補足等」「転換」といった分類には、実はダブりがあるわけです。

むろん、よく言われるように**「言葉は生き物」**です。

数値のようにミッシーな関係にくっきりと分けることはできないというのは、当然のことでしょう。

「等」といった表現がついているところからも、その認識はうかがえます。

しかし、論理的思考力を子どもたちに身につけさせようとするとき、ダブりを極力取り除いたうえで技術を提示すべきであるということには、異論の余地はないはずです。

その考えのもとに生まれたのが、「3つの力」です。

「3つの力」の意味をより大まかに言えば、次のようになります。

言いかえる力とは、同じような意味を持つ表現に言いかえていくための力である。

くらべる力とは、違いを強調するための力である。

たどる力とは、理由を分かりやすくするための力である。

このように目的の違いを考えれば、それぞれが独立したものであるということは、すぐお分かりになることでしょう。

THE Fukushima Method

02 3つの力を活用すれば一生モノのスキルが手に入る！

◆3つの力の構造をおさらいしておこう

さて、ここからは、「3つの力」の構造について、補足説明をします。

第1章で述べた内容や、第5章までの内容と重なる部分もありますが、それらを随時おさらいしながら、実践の中に還元していってほしいと思います。

【言いかえる力】

★具体化とは〈形〉を与えること、抽象化とは〈形〉を捨てることです。

〈形〉を捨てるというのは、同時に、ある〈形〉だけを引き出して残すことでもあります。

ここで言う〈形〉とは、ものごとの固有の特徴のことです。

少し分かりづらいですね。

具体的に考えてみましょう。

たとえば、「バナナ」から「甘い」「黄色い」などの特徴を捨て去り、「樹木の実」という特徴だけを引き出して残せば、「果物」になります。

これが抽象化です。

バナナ	樹木の実（果物）	甘い	黄色い
抽象化⬅	⬅特徴を引き出す（残す）	⬅捨てる	⬅
果物	樹木の実（果物）	—	—

この図を見ると、「抽象化とは、特徴を捨てると同時に引き出して残すことである」という意味が、すぐ分かるはずです。

この「捨てる」部分についてのみ注目したのが、「捨象」という言葉です。

抽象の「抽」には、「引く・引き出す」という意味があります。

「象」には「形」という意味があります。

よって、抽象という熟語は**「形を引き出す」**という意味であり、捨象という熟語は**「形**

を捨てる」という意味です。

このように見ると、抽象と捨象は、同じ操作の両側面であるということが分かります。

★先のバナナの例についてですが、どのような特徴を引き出すかによって、抽象化の結果は変わります。

バナナ	樹木の実（果物）	甘い	黄色い
抽象化⬅	⬅捨てる	⬅	⬅特徴を引き出す（残す）
黄色いもの	—	—	黄色い

この場合、バナナを「黄色いもの」へと抽象化していると言えます。

具体化についても、確認しておきましょう。

「果物」に対して「甘い」「黄色い」などの特徴を与えていくと、「バナナ」になります。これが具体化です。

バナナ	樹木の実（果物）	甘い	黄色い
具体化➡		➡特徴を与える	➡
果物	樹木の実（果物）	―	―

もちろんここでも、どんな特徴を与えるかによって、具体化の結果は変わります。「甘い」の代わりに「酸っぱい」を与えれば「レモン」になる、というわけです。

レモン	樹木の実（果物）	酸っぱい	黄色い
具体化➡		➡特徴を与える	➡
果物	樹木の実（果物）	―	―

★具体的・抽象的という言葉の意味をより分かりやすく言えば、こうなります。

具体的……絵に描きやすいような表現・頭の中に絵が浮かぶような表現
抽象的……絵に描きづらいような表現・頭の中に絵が浮かびづらい表現

バナナやレモンは絵に描きやすく、果物は描きづらいですね。

★次のような「言いかえ」は抽象化でも具体化でもありませんが、こういったものも1つの「言いかえ」と意識して取り組むことで、読み手に届きやすい文章を書くための一助となっていくはずです（＝の記号は、「同等関係」を意味します）。

●「まだ知らないこと」＝「未知（のこと）」
●「大切だと考えること」＝「重視」
●「いつまでにすればよいか」＝「期限」

【くらべる力】

★対比には2つのタイプがあります。
「正反対」の対比と、**「ワンセット」**の対比です。

ワンセットとは、「正反対とは言えないが対比として成立するような組み合わせ」です。

たとえば、「熱い」の正反対は「冷たい」ですが、「ぬるい」とくらべても対比は成立します。

「くらべる力」とは、これらの「対比」を活用する力です。

★対比関係を表す接続語には、少し異なる働きをあわせ持つものもあります。

たとえば、「しかし」「ところが」などです。

次の例を見てみましょう。

①「日本はもう朝だ。しかし、アメリカはまだ夜だ。」

②「日本はもう朝だ。しかし、まだ空は暗い。」

①は対比ですが、②は対比ではありません。

私は、②のようなタイプ（後半が前半に対して「予想外の展開」になるタイプ）を**「逆接」**とし、「対比」とは区別しています。

200字メソッドで文章を書いていく際は、②（逆接）ではなく①（対比）の形になるよう、意識して取り組みましょう。

★対比関係を整理する上で大切なことは、**「観点の統一」**です。
「ペンは長いが鉛筆は短い」というときの対比の観点（軸）は「長さ（長短）」です。

「ペンは200円だが鉛筆は60円だ」ならば、対比の観点は「金額（の大小）」です。

ところが、「ペンは長いが鉛筆は60円だ」では通じません。

長さの観点と金額の観点が混在しているからです。


このように、くらべる際には「観点の統一」が不可欠になります。

【たどる力】

★「因果関係が成立する」とは、「なるほどと思える」ということです。
10人中8人が「なるほど」と思えるかどうか（すなわち、客観性が高いかどうか）。

これが、正しい因果関係の1つの基準になります。

「たどる力」とは、原因と結果を正しくつなげていくための力です。

★たどり方には、2とおりあります。

①今日は朝からずっと雨が降っている

だから⇔なぜなら

②憂鬱な気分になった

だから⇔なぜなら

③暗い気分を晴らしたかった

だから⇔なぜなら

④明るいメロディの音楽を流していた

①今日は雨だ

②試合は雨が降ったら中止だ

だから→

③今日の試合は中止だ

上のパターンは、一直線に並んだ因果関係です。

たとえば、「①→④」を直接つなげて読むと、やや違和感が残ります。

「ずっと雨だから明るいメロディの音楽を流していた」というのは、「常識」をもとに考えれば理解できます。

しかし、雨でも憂鬱にならない人や、むしろ雨のほうが好きだという人の「常識」を考えれば、②・③の説明も必要になります。

ここまで考えるのが、「たどる」ということです。

自分と同じ常識を持った相手かどうかを考え、必要に応じて、たどり方を変える必要があります。

私は、「①→④（逆も含む）」のようにジャンプした因果関係のことを、**「急行列車」**と表現しています。

一方、「①→②→③→④（逆も含む）」のようにすべての〝駅〟に停車するパターンを、**「各駅停車」**と表現しています。

「なぜですか」と問われる読解設問では、主に、文章中の「急行」部分を「各駅」に直させることが目的です。

先の図の下段は、**「むすんでたどる」**パターンです。難しく言えば「結合論証」です。

この場合の「①→③（逆も含む）」や「②→③（逆も含む）」も、急行列車と呼ぶことができるでしょう。
①→③、すなわち「今日は雨だから今日の試合は中止だ」という文が相手に通じる場合、そこには、②「試合は雨が降ったら中止だ」という前提が共有されています。
しかし、もし②が共有されていない相手の場合は、「え？　どうして雨だと中止なの？（雨の場合は中止だと決まっていたの？）」という疑問がわくでしょう。

そういう相手に伝える場合は、①と②を結合せねばなりません。

「今日は雨であり、試合は雨が降ったら中止だから、今日の試合は中止だ」とするわけです。

このように、相手の「常識」や、共有されている「前提」を見抜きながら、急行列車と各駅停車を使い分けていくこと。

これが、「たどる力」の本質です。

さて、「3つの力」について詳しく述べてきました。

さらに深く知りたい方は、『「本当の国語力」が驚くほど伸びる本』『ふくしま式「本当の国語力」が身につく問題集〔小学生版〕』『ふくしま式「本当の国語力」が身につく問題集2〔小学生版〕』（いずれも大和出版）等々、私の他の著書をご覧いただければと思います。

ぜひチェックしてみてください。

◆さあ、あとは実践あるのみ!

最後に1つ、補足しておきます。

文章を書くための「型」と言うと、多くの方は**「起承転結」**などを思い浮かべるのではないでしょうか。

私は、起承転結を無駄だとは思いません。

しかし、起承転結というのは、どちらかというと**「読み手目線」**なのです。

既に書かれた長文を読みつつ、この部分までが「起」、この部分までが「承」、この部分までが「転」、この部分までが「結」と整理する分には、さほどの苦労はしません。

ところが、真っ白な原稿用紙を前にして、よし、「起」を書くぞ、「承」を書くぞ、と考えても、では「起」とは何なのか、「承」とは何なのかが曖昧なため、手が止まってしまいます。

要するに、「書き手目線」ではないのです。

起・承・転・結それぞれの相違点を明確に区別して（＝分けて）説明できない限り、書き手は、それを技術として意識的に（＝分かった上で）活用することはできません。

第1章でも述べたように、分けることこそが、分かることです。

その点、「ふくしま式200字メソッド」はどうでしょうか。

ここまでを読み終えてきたあなたは、明確に「分かって」いることでしょう。

もし不安があるのなら、何度でも読み返しましょう。

その都度、分からなかったところが分かるようになるはずです。

ただし、「分かっている」だけでは、文章は書けません。

分かった上で、その技術を使いこなし、たくさんの文章を書くこと。

そして、その文章を、いろいろな人に読んでもらう機会をつくること。

こういった実践のプロセスの中でこそ、あなたのお子さんの――あるいはあなた自身の――「書く力」は、磨かれていくのです。

おわりに

シンプルな技術だからこそ、今すぐ使える！

日本語は、私たちにとって母語です。

いつの間にか話せるようになり、いつの間にか読めるようになり、いつの間にか書けるようになるのが、母語というものです。

このことは、実は不幸なことです。


なんとなく話せる。なんとなく読める。なんとなく書ける。

勉強しなくても、なんとかなってしまう。

しかしその分だけ、実は知識も意識も薄い。

方法というものを、持っていない。


ああ、もっと国語の勉強をしてくれればよかった——。

そんなことを痛感するのは、だいたい、大学生や社会人になってからです。

とりわけ、文章を書くことで自分の考えを伝えなければならない場面において、痛感するのです。

しかし、そういった年齢になってからでは、時間をとってゼロから勉強するということはなかなか難しい。だから、あきらめてしまう。そんなパターンが多いようです。

やはり、小学生、遅くとも中高生のうちに、「書く」トレーニングを積んでおかなければなりません。

〝なんとなく〟書いている場合ではないのです。

冒頭でも述べたように、残念ながら、学校も塾も〝なんとなく〟書かせているだけです。学校は学校で感性重視・内容重視の文章指導に比重が置かれており、日本語の正しい使い方、あるいは、より説得力を持った書き方などといったものを、なかなか教えてくれません。

塾は塾で、やたらと難易度の高い文章を「読む」ことばかりに時間をかけており、「書く」ことがなおざりになっています。書く練習を積んでいる塾であっても、「どう書けばいいか」を基本から教えてくれることは少ないのが実情です。

こうなると、親であるあなたが動くしかありません。

もしあなたが教師であれば、今述べたような状況を変革するため、今日からすぐにこの本を授業の場で活用してください。

この本は、すぐに使える技術を紹介している本です。

そう――すぐに使えるのです。今すぐに。


「ふくしま式200字メソッド」をスタートするために、準備はいりません。


今すぐ、とりあえず書いてみる。そして、それを徐々にレベルアップさせていく。

そのくらいにシンプルな技術を、この本は提供しています。


さて、そろそろ筆を置きたいと思います。

書けた！　伝わった！

そんなふうに喜ぶ子どもたちの笑顔を、目に浮かべながら――。

ふくしま国語塾　主宰　福嶋隆史

作文・感想文・小論文・記述式問題 etc.
“ふくしま式《しき》200字《じ》メソッド”で「書《か》く力《ちから》」は驚《おどろ》くほど伸《の》びる!

2013年7月31日　初版発行

著　者・・・・・・福嶋隆史《ふくしまたかし》
発行者・・・・・・大和謙二
発行所・・・・・・株式会社大和出版
東京都文京区音羽1-26-11　〒112-0013
電話　営業部03-5978-8121／編集部03-5978-8131
http://www.daiwashuppan.com
印刷所・・・・・・誠宏印刷株式会社
製本所・・・・・・ナショナル製本協同組合

乱丁・落丁のものはお取替えいたします
定価はカバーに表示してあります

ISBN978-4-8047-6228-9